U0487564

项目类型：科研平台（智库培育）
项目名称：陕西公共文化服务体系的财政保障机制研究
项目编号：300102169601

公共文化服务
绩效评价与体系构建

尚子娟 / 著

PERFORMANCE EVALUATION AND
SYSTEM CONSTRUCTION OF
PUBLIC CULTURAL SERVICES

社会科学文献出版社
SOCIAL SCIENCES ACADEMIC PRESS (CHINA)

前　言

　　文化是一个国家、一个民族的灵魂。进入新时代，人民群众对美好生活的向往不仅仅是对物质生活的高追求，还包含对高质量精神文化的新期待。公共文化服务作为国家公共服务的重要组成部分，以保障群众文化权益、促进文化消费、实现全体人民精神生活共同富裕为目标，是提升国家文化软实力、建设文化强国的重要举措。2021年3月，十三届全国人大四次会议审议通过《中华人民共和国国民经济和社会发展第十四个五年规划和2035年远景目标纲要》，明确提出发展社会主义先进文化，提升国家文化软实力，推进社会主义文化强国建设。党的二十大报告明确提出："从现在起，中国共产党的中心任务就是团结带领全国各族人民全面建成社会主义现代化强国、实现第二个百年奋斗目标，以中国式现代化全面推进中华民族伟大复兴。""中国式现代化是物质文明和精神文明相协调的现代化"，"丰富人民精神世界"是中国式现代化的本质要求之一。由此可见，文化建设在全面建设社会主义现代化国家、推进中华民族伟大复兴进程中具有重要地位和作用。众多的公共文化产品和服务不仅丰富了人们的日常生活，而且潜移默化地影响着人们的思想道德和科学文化素质，对促进人的全面发展和加快社会主义和谐社会的建设具有重要意义。因此，只有准确把握新发展阶段、深入贯彻新发展理念、加快构建新发展格局，才能不断推动新时代我国文化建设高质量发展，为中华民族伟大复兴提供文化和精神的不竭动力，最终建成社会主义文化强国。然而，已有研究多从公共文化服务的"模式""体系构建""指标体系"等角度进行研究，呈现碎片化特点且研究尚缺乏一定的系统性和理论性，大多基于宏观层面的定性论述，缺乏实证数据的科学支撑。因此，在公共文化服务研究领域，亟须以公共治理理论为指导，构建科学且系统的公共文化服务绩效评价体系，进一步深化和拓展具体的研究问题和研究方法，在准确把握公共文化服务绩效的同时更好地为政府开展公共文化服务工作提供强有力的理论支撑。

基于上述背景，本书首先从整体性治理理论视角出发，提出以治理要素为基础的公共文化服务体系TSDEP理论分析框架，对公共文化服务体系进行系统的构建。其次，运用我国省级统计数据和陕西省实地调研数据，分别对公共文化服务的治理工具、主体与客体、环境与绩效进行实证分析与验证，对整体公共文化服务体系的TSDEP模型进行省级公共文化绩效评价指数的测算，并通过陕西公共文化服务的实践对西部地区的公共文化服务模式进行总结，进而构建了公共文化服务绩效评价体系。最后，根据研究结论对政府开展公共文化服务工作提出政策建议。

本书的主要结论和创新点如下。

第一，以整体性治理理论为基础，提出了我国公共文化服务的TSDEP分析框架。该研究框架以公共文化服务高质量发展为目标，通过具体公共文化服务内容将公共治理的各要素进行了有机的整合，可以从新的视角应用于我国公共文化服务领域的研究和实践。基于整体性治理的研究视角，该分析框架以治理要素为依托，从省级层面出发，兼顾公平与效率的研究理念，构建出科学的公共文化服务绩效评价体系，从宏观层面系统地剖析了我国公共文化绩效评价领域存在的问题，有助于拓宽研究视角，为全面系统构建我国省级公共文化服务绩效评价体系打好理论基础。

第二，进行了基于治理要素的公共文化服务领域的实证研究。通过实证研究厘清了公共文化服务绩效评价各要素之间的内在逻辑，有助于横向扩大研究范围，纵向深挖研究内涵。一是公共文化服务治理工具研究。通过内容分析方法，梳理新中国成立以来我国公共文化及其相关公共政策与制度文件，并根据治理工具的不同类型，将其分为供给型政策、需求型政策、保障型政策和激励型政策，构建省级公共文化服务政策模型，运用省级统计数据对其影响因素进行实证分析。研究发现：我国省级公共文化服务政策存在区域差异，供给型政策受区域差异影响最大。其中，东部地区以供给型和保障型政策为主，中部地区以供给型和激励型政策为主，西部地区是供给型、需求型、保障型和激励型四类政策均涉及。二是公共文化服务治理主体与治理客体研究。从公共文化服务治理主体的供给与治理客体的需求视角出发，构建了宏观、中观和微观三个层面的公共文化服务供需分析框架，通过对我国31个省份的文化面板数据进行单因素方差分析和回归分析，验证我国目前公共文化服务供需矛盾的深层次问题。研究发现：我国公共文化服务供需方面存在东西部与城乡地域之间的显著差异，但我国政府的供给主体单一，并未对不同的供给客体进行区分供给，造成了各层面的供需矛盾。首先是供给对象的需求旺盛而供给的总量相对滞后。其次是东部城市地区的需求最高，西部农村地区的需求最低。最后是公共文化供给需要多主体参与。三是公共文化服务治理环境与绩效研究。从经济发展水平、政策支持力度、地区文化差异、公共财政投入、基础设施建设、文化活动开展、群众文娱需求、文化消费市场等方面分析了我国公共文化服务治理环境和绩效的发展现状，运用省级面板数据进行实证研究，厘清公共文化服务经济环境、政策环境、人口环境和文化环境对公共文化服务公益性、便利性、均等性和基本性的内在影响机制。研究发现：公共文化服务绩效受外在环境影响显著。其中，人口环境的影响作用最明显；经济环境的影响则表现为宏观经济环境影响和微观经济环境影响，其中对均等性的影响两方面都显著，对基本性的影响表现为微观经济方面的影响，对公益性和便利性的影响表现为宏观经济方面的影响；政策环境主要体现在对公益性和基本性的影响上；文化环境主要体现在对基本性和便利性的影响上。

第三，基于熵值法系统地提出了我国省级公共文化服务绩效评价指数。已有研究大多为公共文化服务绩效的内涵辨析与指标体系探讨，实证研究较少。本书对公共文化服务绩效评价问题进行了探索性的实证检验，体现了研究方法上的交叉融合，在一定程度上弥补了公共文化治理领域定量研究不足的空缺。运用熵值法确定指标权重并计算各省份公共文化服务绩效评价指数。研究发现：从综合评价指数来看，我国省级公共文化服务绩效仍存在"东高西低"的态势，东部地区的公共文化服务绩效水平普遍较高，中部地区次之，西部地区最低。一是治理工具：同质性强，创新性较弱。二是治理主体：资源配置失衡。三是治理客体：参与度差异较大。四是治理效能："短板省份"问题突出。五是治理环境：匹配存在滞后性。

第四，基于定量分析与定性分析总结了我国的公共文化服务基层治理模式并构建了公共文化服务绩效评价体系。选取陕西省为研究对象，基于公共文化服务体系评价指标，对陕西省县区级公共文化服务进行了实证分析与模式总结。模式总结案例选取陕西省陕北（延安红色文化深度融合模式）、关中（周至生态旅游融合共生模式）、陕南（安康乡村振兴有效衔接模式）三个具有特色代表性的公共文化服务案例，通过基层实践与政策创新，结合基于治理要素的公共文化服务体系 TSDEP 分析框架，最终构建了我国宏观层面的公共文化服务绩效评价体系。

目 录

第一篇 研究背景与理论基础

第一章 绪论 …… 003
  一 文化强国建设与公共文化服务高质量发展新要求 …… 003
  二 文化建设的基础性与重要性 …… 007
  三 概念界定 …… 011
  四 研究目标 …… 015
  五 研究框架与内容 …… 016
  六 数据与方法 …… 018

第二章 基于整体性治理的公共文化服务体系 TSDEP 理论分析框架 …… 022
  一 理论综述 …… 022
  二 基于整体性治理的公共文化服务治理要素分析 …… 028
  三 基于整体性治理的公共文化服务体系 TSDEP 理论分析框架的构建 …… 032

第二篇　基于公共文化服务体系 TSDEP 分析框架的实证研究

第三章　中国公共文化服务的治理工具分析 ·················· 037
  一　研究设计 ·················· 039
  二　中国宏观公共文化服务政策的发展历程 ·················· 040
  三　中国公共文化服务政策的省级聚类分析 ·················· 044
  四　结论与讨论 ·················· 050

第四章　中国公共文化服务治理主体与客体的供需问题分析 ····· 052
  一　研究设计 ·················· 053
  二　实证分析结果 ·················· 059
  三　结论与讨论 ·················· 066

第五章　中国公共文化服务的治理环境对绩效的影响分析 ······ 068
  一　研究设计 ·················· 070
  二　现状分析 ·················· 080
  三　实证分析结果 ·················· 086
  四　结论与讨论 ·················· 112

第六章　中国省级公共文化服务绩效评价指数 ·················· 114
  一　研究设计 ·················· 115
  二　绩效评价指标体系构建 ·················· 119
  三　实证分析结果 ·················· 131
  四　结论与讨论 ·················· 153

第三篇　中国公共文化服务的政策实践与体系构建

第七章　中国公共文化服务体系建设的陕西实践 …… 159
　一　研究设计 …… 160
　二　实证分析结果 …… 167

第八章　中国公共文化服务政策创新的案例分析 …… 175
　一　陕西省公共文化服务模式总结的可行性分析 …… 176
　二　陕西省典型市县的公共文化服务模式总结 …… 179

第四篇　结语与展望

第九章　中国公共文化服务的政策建议与展望 …… 203
　一　主要结论 …… 203
　二　政策建议 …… 206
　三　创新点 …… 213
　四　研究局限与未来展望 …… 214

参考文献 …… 218

第一篇　研究背景与理论基础

第一章 绪论

一 文化强国建设与公共文化服务高质量发展新要求

文化是一个民族的精神和灵魂，是国家发展和民族振兴的强大动力。推动文化大发展大繁荣，提升国家文化软实力，是我国经济社会发展和改革开放的重要任务之一。如何在文化建设中构建覆盖全社会、惠及全民的公共文化服务体系成为目前政府工作的重点内容。党的十八届三中全会提出了推进国家治理体系和治理能力现代化的新命题，也是针对完善中国特色的文化管理制度、推进文化治理体系和能力现代化提出的新任务，对构建现代公共文化服务体系必将产生深远的历史影响。近年来，公共文化服务成为我国民生投入的重点领域。在新的国家政策指引和科技与文化的融合下，公共文化服务产品创造和传播的主体、渠道、路径、机制都发生了变化。随着国家政策支持力度的不断加大和现代科学技术的不断深入，"厕所革命"的实施、"三馆一站"的免费开放、智慧城市的提出、农村优秀传统文化的保护传承、公共电子阅览室的建设等一系列措施都加强了我国公共文化服务的能力。在探索实践领域内的新趋势和新问题的同时，审慎思考公共文化服务的社会影响与公共责任，扩大文化传播，增强文化自信，是本书的问题意识。党的十九大报告指出，要完善公共文化服务体系，深入实施文化惠民工程，丰富群众性文化活动。2020年9月，在教育文化卫生体育领域专家代表座谈会上，习近平总书记用"四个重要"突出强调了文化建设的重要地位和根本任务，指出统筹推进"五位一体"总体布局、协调推进"四个全面"战略布局，文化是重要内容；推动高质量发展，文化是重要因素；战胜前进道路上的各种风险挑战，文化是重要力量源泉。二十大报告指出，以社会主义核心价值观为引领，发展社会主义先进文化，弘扬革命文化，传承中华优秀传统文化，满足人民日益增长的精神文化需求，激发全民族文化创新创造活力，增强实现中华民族伟大复兴的精神力量。

国家宏观层面的战略与政策导向。文化是民族的灵魂与血脉，国家将文化建设作为中国特色社会主义"五位一体"总体布局的重要组成部分，充分彰显了其对实现中国梦和中华民族伟大复兴的重要作用。习近平总书记指出："没有先进文化的积极引领，没有人民精神世界的极大丰富，没有民族精神力量的不断增强，一个国家、一个民族不可能屹立于世界民族之林。"2005年，中共第十六届五中全会提出"加大政府对文化事业的投入，逐步形成覆盖全社会的比较完备的公共文化服务体系"，这是我国第一次提出公共文化服务体系的概念。2007年，我国出台了《关于加强公共文化服务体系建设的若干意见》正式提出建设公共文化服务体系的原则、思想和目的。2011年，我国政府明确指出建立健全公共文化服务体系成为"十二五"时期（2011~2015年）的重大任务。正式公布的《中华人民共和国国民经济和社会发展第十二个五年规划纲要》首次把文化建设作为独立的部分进行阐述，充分体现了党中央对文化建设的高度重视和对文化建设规律的科学把握，适应了广大人民群众对文化建设的新期待。2015年初，国家又从宏观层面上提出要在"十三五"期间（2016~2020年），基本建成覆盖城乡、便捷高效、保基本、促公平的现代公共文化服务体系。党的十八大以来，将"文化自信"作为"四个自信"的重要内容，党的十九大报告再一次指出坚定文化自信，推动社会主义文化繁荣兴盛。党的十九届六中全会提出文化自信作为更基础、更广泛、更深厚的自信，是最基本、最深沉、最持久的力量。党的二十大之后，新形势下更要契合国家宏观层面的要求，而构建现代公共文化服务体系是"满足人民群众精神文化生活的需要"的必要途径，是保障和改善民生的重要举措，是全面深化文化体制改革、促进文化事业繁荣发展的必然要求，是弘扬社会主义核心价值观、建设社会主义文化强国的重大任务。

公共文化服务体系建设遇到新的契机。社会主义公共文化是由政府主导、社会力量积极参与，以满足人民群众基本文化需求为目标的文化形态（苗瑞丹、闫旭杰，2021）。因此，做好公共文化服务是中国特色社会主义文化建设的重要任务。在新时代背景下，人民群众对美好生活的向往中包含着更多的文化期待，丰富多样的文化构成了人民群众的精神家园。党的十九届五中全会审议通过的《中共中央关于制定国民经济和社会发展第十四个五年规划和二〇三五年远景目标的建议》提出，要"促进满足人民文化需求和增强人民精神力量相统一"。公共文化服务体系构建是公共文化服务高质量发展的要求之一，基本公共文化服务既为全体人民提供了精神文化基础和文化需求保障，也推动了全社会共享精神文化的成果，提升了全体人民的文化自信，为国家推进现代化文化强国建设提供了思想保障和精神动力。首先是"一带一路"倡议的契机：对外的文化输出，共建"一带一路"国家的合作。其次是文化和旅游的融合：统筹文化事业、文化产业发展和旅游资源开发，提高国家文化软实力和中华优秀文化影响力，推动文化事业、文化产业和旅游业融合发展。因此，推进公共文化服务体系构建是实现满足人民精神需要和增强人民精神力量相统一的重要举措，也是新时代推进社会主义文化强国建设的有力抓手。

公共文化服务迅速发展形成多元模式。长期以来，我国公共文化服务一直是政府主导和文化事业单位垄断的传统文化事业模式。

近年来，这种状况得到了很大改善，但远未实现和达到构建现代公共文化服务体系、推进文化治理体系和能力现代化的目标和要求。现代公共文化服务具有主体开放和多元治理等特性，政府、市场、社会共同参与公共文化服务的供给、服务和管理。从这个意义上讲，构建现代公共文化服务体系就要贯彻落实党的十八届三中全会关于推进国家治理体系和能力现代化的要求，加快推进政府为主的文化管理模式向全社会参与的文化治理模式转变。我国文化研究领域的专家指出中国的公共文化是具有中国特色的，而当代中国文化现代化的模式是目前公共文化服务政策研究中的前沿问题（傅才武、申念衢，2019）。

公共文化服务绩效评价的重要性日趋显现。随着公共文化服务的发展，我国各级政府均开展了多种形式的公共文化服务活动，公共文化服务的绩效也随之呼之欲出，伴随宏观统计数据公布、公共文化服务政策执行与落实，公共文化服务的省级绩效成为国家关注重点。诸多学者从地方公共文化实践出发，对公共文化服务的模式、活动、成效等进行了重点研究，但是尚没有宏观且系统的全国层面的公共文化服务绩效蓝图的展现。大数据时代提供了数据分析的基础与机遇，通过数据与实证分析能够更好地把握我国目前公共文化服务绩效的现状与存在的问题。2021年3月，《关于推动公共文化服务高质量发展的意见》进一步指出，"推动公共文化服务高质量发展，是进一步深化文化体制改革、发展社会主义先进文化的重要任务，也是让人民享有更加充实、更为丰富、更高质量的精神文化生活，保障人民群众基本文化权益，满足对美好生活新期待的必然要求"。由此，为人民群众提供更高质量、更有效率、更加公平、更可持续的公共文化服务，高效发挥文化在国家治理中的应有功能，俨然成为现阶段我国政府公共文化服务改革创新的重大议题。

二　文化建设的基础性与重要性

公共文化服务评价对政府公共文化治理工作具有促进与激励作用。近年来，随着政府体制改革的步伐加快，国家越来越重视公共部门的绩效评价工作。公共文化服务作为政府的重要社会管理内容之一，其绩效评价也是国家一直以来关注的重要问题。党的十七届六中全会提出"制定公共文化服务指标体系和绩效考核办法"的精神，为我国的公共文化服务评价奠定了政策基础。改革开放以来，我国在公共文化治理领域已经开展了40多年的工作，公共文化服务成为国家典型的公共管理问题，从整体性治理理论的角度出发，结合实证数据系统评价我国公共文化服务绩效，对保障人民基本文化权益具有重要的意义。

（一）理论意义

拓展了公共治理理论在公共文化服务领域的应用。公共文化服务是典型的公共管理问题，涉及诸多利益相关主体以及公共政策。公共治理理论在公共文化服务实践领域的应用，有利于进一步丰富和拓展公共治理理论在我国公共部门的应用。本书基于新公共服务理论和公共治理理论的分析框架，以公共文化服务的公共性为出发点，强调公民为中心的治理理念，构建出适合量化分析、操作性强的公共文化服务绩效评价体系。通过对当下我国公共文化服务的省域差异进行横向、纵向比较研究，论证了内部与外部因素对公共文化服务各领域产生的影响，有利于识别、缩小区域差异，在理论上丰富了我国公共文化服务领域绩效评价的研究内容。

推动了公共文化服务体系构建的科学性。从目前研究来看，尚未厘清宏观层面的公共文化服务的现状和绩效，学界和实践界缺乏科学合理的文化建设评价体系。因此，需要在公共治理理论的背景下，构建科学系统的公共文化服务体系，准确把握目前我国公共文化服务现状和问题。我国目前关于公共文化服务绩效评价的研究总量较少，且大多数学者着眼于微观层面，集中于对特定地区，如民族地区、特定省市进行研究分析，评价标准没有实现制度化，缺乏系统性的研究，规范化程度较低。鉴于此，本研究通过阅读国内外大量文献著作，借鉴已有研究成果，从我国省级层面出发考察问题，对公共文化服务绩效的影响因素做了大量深入细致的研究，构建出科学有效的省级公共文化服务绩效评估理论分析框架，较为全面地为公共文化服务绩效评价提供了理论基础。这有利于对我国当下省域公共文化服务绩效水平形成较为完整的认知，对进一步形成科学性、丰富性的绩效评价指标体系，推动全面深化改革在公共领域的实施具有促进作用。

厘清了公共文化服务体系建设的绩效及其影响因素。公共文化服务在全国开展以来，政府对于各层级公共文化服务的绩效尚不清楚，并且难以把握宏观层面的内因和外因对其影响机制。因此，通过数据剖析公共文化服务体系的绩效及其影响因素，既是政府公共政策基础与支持的需要，同时也是在指导政府实际工作方面的应用。良好的公共文化服务治理环境有利于推动政府部门树立服务意识和责任意识，保障公民的基本公共文化权益和提高公民文化活动参与度，刺激公共文化服务消费市场的活力，从而提高我国公共文化服务的治理绩效，促进我国公共文化服务的健康发展。

加强了实证研究方法在公共文化服务领域的应用。本书基于宏观统计数据和微观调查数据，构建公共文化服务绩效及其影响因素模型，将实证研究方法在公共文化服务领域进行应用。已有研究大多为公共文化服务绩效的内涵辨析与指标体系的探讨，实证研究较少。本研究运用熵值法对公共文化服务绩效影响因素进行了探索性的实证检验，一定程度上弥补了定量研究在公共文化服务领域的不足。

（二）现实意义

公共文化服务体系建设是社会发展的必然需求和国家建设文化强国的重要基础。公共文化服务体系的构建具有以下四个作用，对于社会发展的现实意义重大。一是整合作用。通过公共文化服务体系，可以整合各个层面的社会资源，将各利益相关者都纳入该体系当中。二是导向作用。公共文化服务作为文化事业的重要组成部分，其理念的构建引领了社会发展。三是内在作用。公共文化服务是为了满足人民日益高涨的精神文化生活需求，能够促进社会和谐。四是外在作用。公共文化服务体系建设是提升国家文化软实力的重要内容，可进一步提升国家竞争力。从陕西省公共文化服务体系建设的现状来看，全省总体虽然已实现了较高水平的基本公共文化服务均等化，但公共文化服务资源的分布仍存在地区差异。西安市、延安市、铜川市、榆林市的公共文化资源份额大于其人口份额，当地居民享有相对丰富的公共文化资源。商洛市、安康市、渭南市、咸阳市的居民享有的公共文化资源则相对不足，公共文化服务建设相对落后。这与各地市所处的地理位置、经济发展水平以及文化财政投入都有密切关系。

公共文化服务绩效评价研究，能够有效解决人民日益增长的文化需求与政府供给的主要矛盾，提高我国公共文化服务管理绩效水平。党的十九大提出"我国社会主要矛盾已经转化为人民日益增长的美好生活需要和不平衡不充分的发展之间的矛盾"。通过对公共文化服务绩效评价的研究，分析其政府供给是否有效，厘清供给与需求的影响因素，深入分析省级层面的供需矛盾，从而能真正厘清人民群众对公共文化服务的真正需求。本书将我国公共文化服务指标体系划分为治理工具、治理主体、治理客体、治理效能与治理环境五个维度，力求从多个角度出发发现问题，明确当前实际状况与服务现实，提高公共文化服务管理绩效水平，扩大人民群众获取公益性文化服务的平台与资源，进而促进公共文化资源的合理配置。研究成果将为解决区域文化发展不平衡、文化供给规模与质量难以实现等问题寻求破解之道，对提升我国公共文化服务效能与政府治理绩效、实现公共文化事业的持续健康发展具有极大的现实价值与深远意义。

公共文化服务绩效评价研究，能够使各省、自治区、直辖市准确把握自身在公共文化建设领域的优势与不足，加快实现区域公共文化服务协调发展。研究和发布省级公共文化服务评价指数，有助于准确把握我国各地区的公共文化服务发展现状。评价指数建立在科学的评价体系之上，评价指标的集约化能够客观全面地反映我国31个省、自治区、直辖市的公共文化服务水平和特质。在公共治理理论的指导下，科学系统地剖析各省份公共文化服务绩效的影响因素，能进一步发现各省份在不同治理要素方面存在的优势与不足，从而为政府开展公共文化服务工作的进一步优化提供政策建议。现阶段，我国以及省域公共文化服务供给总量不足，且地区间公共文化服务质量与水平发展不平衡的问题较为突出，致使供不应求、供需错位等现象产生，加深了人民日益增长的美好生活需要和不平衡不充分的发展间的矛盾。本研究通过构建全面的评价指标体系，对全国31个省、自治区、直辖市的公共文化服务绩效水平进行差异性比较分析，力求发现问题、寻求新的突破，助力区域协调发展战略的实施，以充分发挥文化推动高质量发展的支点作用，加快实现区域间公共文化服务协调发展，为我国经济社会的高质量发展赋能。

科学构建公共文化服务绩效评价体系能够为开展公共文化服务工作提供坚实的理论基础与实践经验。基于理论和实证分析，本研究提出系统科学的公共文化服务体系，并基于数据对其进行指数发布，为我国文化治理政策实施及效果评价提供基础。基于实证研究结果和公共治理理论，结合目前先进省份的公共文化服务经验，进行中国公共文化服务的模式设计，而制度和政策设计则是其中链接其体系结构、发挥绩效的核心要素。基于实证研究结果，对政策方案进行优化，探索中国促进公共文化服务发展的有效途径。本研究基于省级层面的研究视角，兼顾公平与效率的研究理念，构建出科学的公共文化服务绩效评价体系，从宏观层面系统地剖析了我国公共文化绩效评价领域的问题，有助于拓宽研究视角，为政策创新提供依据。此外，基于本书研究成果以及对陕西省公共文化服务绩效及其影响因素的分析，提出统筹公共文化服务的国家战略，并立足陕西省进行公共文化服务的实践模式的设计。

三　概念界定

（一）公共文化

一般来说，公共文化是指"由政府主导、社会参与形成的普及文化知识、传播先进文化、提供精神食粮，满足人民群众文化需求，保障人民群众基本文化权益的各种公益性文化机构和服务的总和"（谢佳祎，2010）。公共文化最显著的特征在于文化的公共性，学界将其理解为：在文化的外延方面，公共文化具有群体性、共享性等外在的公共性特征；在文化的内涵方面，公共文化是指在精神品质层面具有整体性、公开性、公益性和一致性的内在公共性特征的文化（万林艳，2006）。学界对公共文化的概念并未形成统一的界定。政府在实践层面将公共文化作为一种"事业"，称为"文化事业"。在社会与经济不断发展的过程中，公共文化的经济属性逐渐被剥离，形成文化产业，进而在2000年，学界将公共文化与文化产业的概念区分开来，明确公共文化承担公益性文化事业的职能。基于此，本书在研究过程中，将公共文化界定为由政府公共部门为满足社会群众的精神文化需求而提供的相关文化服务与产品、公共文化服务活动、公共文化场所与公共文化设施等。

（二）公共文化服务

目前，国家的公共文化服务分为基本公共文化服务和非基本公共文化服务。基本公共文化服务，一般是指与经济、社会和文化发展水平和人民群众的基本文化需求大体适应，且人民群众均等享受的公共文化服务。比如，读书看报、收听广播、观看电视、参加文体活动等。基本公共文化服务由政府主导、受财政保障，人民群众免费或优惠享受，提倡标准、均等。非基本公共文化服务，一般是指超出经济、社会和文化发展的平均水平，主要满足人民群众或部分人群超出基本文化需求外的更高层次和水平文化需求的公共文化服务。比如，观看高档演出、接受高雅艺术培训教育等。非基本公共文化服务由市场主导、社会参与、政府引导，人民群众有偿享受，提倡多样化、差异化。基本公共文化服务与非基本公共文化服务作为公共文化服务的一体两翼，随着经济、社会和文化发展水平的提高，特别是国家财力的增强，二者会相互转换、逐渐融合（祁述裕、曹伟，2015）。

官方对"公共文化服务"的定义是由2017年颁布的《中华人民共和国公共文化服务保障法》提出的："公共文化服务是指由政府主导、社会力量参与，以满足公民基本文化需求为主要目的而提供的公共文化设施、文化产品、文化活动以及其他相关服务。"有学者认为"公共文化服务就是基于社会效益，不以营利为目的，为社会提供非竞争性、非排他性的公共文化产品的资源配置活动"（周晓丽、毛寿龙，2008）。本研究认为，公共文化服务是指政府公共部门作为主要提供者，为保障社会群众的基本文化权益，向社会提供公共文化设施、产品、活动等其他相关服务。鉴于国家已经在基本公共文化服务领域开展了诸多治理活动，且2020年国家的目标是要完成基本公共文化服务的均等化，因此本研究涉及的公共文化服务主要是指基本公共文化服务。

公共文化服务作为公共服务的重要组成部分，是保障人民群众基本文化权益的各种公益性文化机构和服务的总和，其主体是政府，由广大社会公众参与，目的在于推广和传播优秀的文化信息和知识、满足公众的基本文化需求，属于公益性文化事业性质，具有公益性、基本性、均等性、便利性等属性（闫平，2007）。本研究认为，公共文化服务是以政府为主的供给主体，将社会效益放在首位，为社会提供具备非竞争、非排他性质的产品与服务的文化资源配置活动，旨在保障群众基本的文化权益，营造良好的社会文化氛围。

（三）公共文化服务绩效

治理绩效是一个复杂的系统工程，其治理要素涵盖治理结构、治理工具、治理主客体、治理效能、治理环境等，任何一个公共部门作为组织都会存在治理绩效问题，在不同层级政府的社会管理机制当中，以政府治理事务为对象的绩效评估成为整个公共治理中举足轻重的组成部分（刘芳，2007）。公共文化服务隶属于公共服务范畴，其治理绩效由内部和外部因素共同影响和决定，影响过程较为复杂。因此，公共文化服务绩效评价应从整体性治理理论视角出发，以效率、权利、公平、稳定并重，综合考虑投入与产出、供给与需求、环境因素等影响，以实现有效的公共事务治理为最终目标，实施科学、系统的评价。在整体性治理理论的指导下，本研究将构建我国省级公共文化服务治理绩效的分析框架来探讨治理工具、治理主体、治理客体、治理效能和治理环境五大治理要素对公共文化服务治理绩效的影响。

本研究认为，绩效评价是效能和效率的有机契合，指评估主体通过运用合理的手段建构科学的评估指标体系，遵循一定的原则和标准对评价客体各个方面的实际状况做出综合评价和结果解释，最终目的是发现问题，进而提升绩效水平。绩效首先出现在企业管理中，随后逐渐延伸至公共领域。Dubnick认为绩效包括所有执行的活动，是一种胜任能力或者生产能力；可以等同于结果，但是不考虑结果的获得方式；代表可持续的结果，即公共部门能够通过一系列努力获得相应的成果（胡景涛、董楠，2013）。

党的十七届六中全会审议通过的《中共中央关于深化文化体制改革　推动社会主义文化大发展大繁荣若干重大问题的决定》根据我国现实国情对发展公益性文化事业做出新部署，并提出"公益性、基本性、均等性、便利性"的要求。结合公共文化服务基本属性，公益性指政府向人民群众提供的公共文化服务基本上是免费的或者是低于成本、收费很低的服务，便利性指公共文化服务场所要做到网点化，均等性指政府向人民群众提供的公共文化服务是面向全体人民的，基本性指政府向人民群众提供的是基本文化服务。基于此，针对公共文化服务的治理绩效，本研究从公益性、便利性、均等性和基本性来衡量公共文化服务的绩效。

（四）公共文化服务绩效评价

公共文化服务绩效评估是指对政府公共部门管理过程中投入、产出、中期成果和最终成果所反映的绩效进行评定和划分等级（王学琴、陈雅，2015）；指多元主体运用科学的绩效评估方法对多元对象的多层次、多维度评估，评估范畴应延伸到由政府、社会、市场所组成的公共文化服务供给的所有场域，其评估目标不仅仅是测算财政投入的效率和效益，更强调其服务取向、社会取向和市场取向，重视公共文化产出的数量和质量（翟小会，2020）。本书认为，公共文化服务绩效评价是对公共文化部门所投入的资金、提供的文化产品和服务以及各种活动进行评判，以产出的社会效益最大化为目标，对公共文化服务供给的方式、过程、结果等进行客观的分析评价。

四 研究目标

首先，本研究主要在公共文化服务高质量发展的宏观政策背景下，基于整体性治理理论视角，提出以治理要素为基础的公共文化服务体系 TSDEP 理论分析框架，对公共文化服务体系进行了系统的构建。其次，运用我国省级统计数据和陕西省实地调研数据，分别对公共文化服务的治理工具、主体与客体、环境与绩效进行实证分析与验证，对整体公共文化服务体系的 TSDEP 模型进行了省级的公共文化绩效评价指数的测算，并通过陕西公共文化服务的实践对西部地区的公共文化服务模式进行了总结，构建了公共文化服务绩效评价体系。最后，根据研究结论对政府开展公共文化服务实际工作提出政策建议。具体研究目标主要有以下几个。

第一，构建理论分析框架。以整体性治理理论为基础，构建公共文化服务的 TSDEP 理论分析框架。该理论框架从系统性出发，基于治理要素的理论视角整体性地提出公共文化服务绩效评价的影响因素。

第二，科学实证分析验证。基于公共文化服务体系的分析框架，分别从治理工具、治理主体、治理客体、治理环境与绩效对省级公共文化服务进行实证分析。通过对公共文化服务先进地区的模式总结与陕西省县区级层面的数据调查，结合陕西省的公共文化服务特征，研究陕西省各层级的公共文化服务现状、绩效和影响因素。

第三，计算省级评价指数。基于省级公共文化服务评价体系，通过统计数据发布全国省级公共文化服务指数。在公共文化服务体系构建的顶层设计基础上，运用国家统计数据，对全国省级公共文化服务进行指标评价。

第四，构建绩效评价体系。本研究主要通过对公共文化服务相关政策的文本梳理、基层公共文化服务实践模式总结、基于公共治理理论与整体性治理的理论基础,在实证分析的基础上构建和验证科学系统的公共文化服务绩效评价体系。

五 研究框架与内容

本研究通过将公共治理理论和整体性治理理论引入公共文化服务体系建设,构建以治理要素为基础的公共文化服务体系 TSDEP 理论分析框架,并通过实证分析的方法,对公共文化服务体系 TSDEP 理论分析框架中各个治理要素进行分析。在此基础上,对整体公共文化服务体系 TSDEP 进行了省级的公共文化绩效评价指数的测算,并基于陕西公共文化服务实践经验对西部地区的公共文化服务模式进行了总结。此外,策略性探讨我国公共文化服务绩效及其影响因素对政府实际工作的政策启示,提出国家公共文化服务体系构建的发展战略,以期推动国家加快建成体系科学、运转高效的现代公共文化服务体系。本书的研究框架见图 1-1,全书按照图 1-1 进行组织,反映了以下的研究思路。

第一篇:研究背景与理论基础。第一篇是全书的整体设计部分。主要在公共文化服务高质量发展的政策背景下,从整体性治理理论出发,探讨我国公共文化服务研究的理论意义及其绩效评价研究的重要性。此外,提出研究问题并进行理论综述,在此基础上形成本书的理论分析框架——基于整体性治理的公共文化服务体系 TSDEP 模型,该模型从公共文化服务的治理要素出发,包含了治理工具、治理主体、治理客体、治理环境和治理绩效。

第二篇:基于公共文化服务体系 TSDEP 分析框架的实证研究。第二篇在理论分析框架下,对我国公共文化服务的几个治理要素分别进行实证研究。一是公共文化服务治理工具研究。通过内容分析方法,梳理新中国成立以来公共文化及其相关公共政策与制度文件,并根据治理工具的不同类型,将其分为供给型政策、需求型政策、

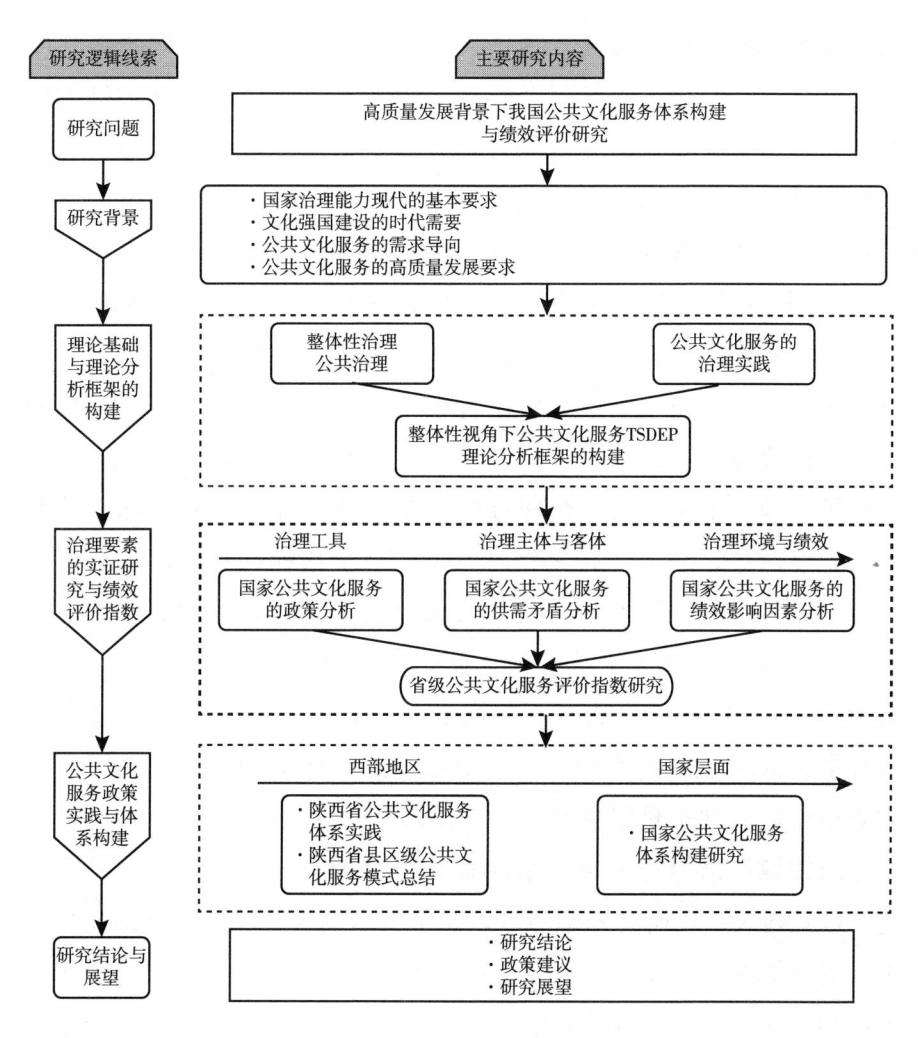

图 1-1 研究框架

保障型政策和激励型政策，构建省级公共文化服务政策模型，运用省级统计数据对其影响因素进行实证分析。二是公共文化服务治理主体与治理客体研究。构建了宏观、中观和微观三个层面的公共文化服务供需矛盾分析框架，通过对我国 31 个省份的文化面板数据进行单因素方差分析和回归分析，验证我国目前公共文化服务供需矛盾的深层次问题。三是公共文化服务治理环境与绩效研究。从经济发展水平、政策支持力度、地区文化差异、公共文化财政投入、基础设施建设、文化活动开展、群众文娱需求、文化消费市场等方面分析了我国公共文化服务治理环境和绩效的发展现状，运用省级面板数据进行实证研究，厘清经济环境、政策环境、人口环境和文化环境对公共文化服务公益性、便利性、均等性和基本性的内在影响机制。四是系统的基于熵值法的我国省级公共文化服务绩效评价指数研究。从治理工具、治理主体、治理客体、治理效能和治理环境五要素出发，运用熵值法确定指标权重，计算了各省份公共文化服务绩效评价指数。

第三篇：中国公共文化服务的政策实践与体系构建。选取陕西省为研究对象，基于公共文化服务体系评价指标，对陕西省市县级公共文化服务进行了实证分析与模式总结。模式总结案例选取陕西省陕北（延安红色文化深度融合模式）、关中（周至生态旅游融合共生模式）、陕南（安康乡村振兴有效衔接模式）三个具有特色代表性的公共文化服务实践，通过基层实践与政策创新，构建了我国宏观层面的公共文化服务绩效评价体系。

第四篇：结语与展望。第四篇是全书的总结部分，包括研究结论、政策建议以及研究展望等。以国家提出的公共文化服务高质量发展为战略指引，结合目前我国公共文化服务面临的现实问题，提出改善我国公共文化服务的政策建议。同时，对于本研究的局限性与未来研究空间进行讨论与思考。面向精神生活共同富裕要求、结合我国乡村振兴战略发展，针对公共文化服务高质量发展提出研究展望。

六　数据与方法

（一）数据来源

本研究的数据分为实证数据和文本数据两个部分，并对国家省级层面、省级县区层面以及实地微观调研层面的数据进行了深入的剖析。具体数据来源如下。

一是宏观层面：面向全国 31 个省份。数据来源包括相关年份《中国统计年鉴》《中国文化文物统计年鉴》《中国文化及相关产业统计年鉴》《中国文化和旅游年鉴》[①] 等，构成本书研究的面板数据的是"十三五"期间 2016~2020 年 31 个省份的相关文化面板数据。

二是中观层面：立足陕西省 11 个地级市和 107 个县区。主要从陕西省文化厅的统计口径获取陕西省 2016 年的统计数据，并收集了陕西省 107 个县区层面的统计数据。具体数据来源包括《中国统计年鉴（2017）》、《陕西省文化统计年鉴（2017）》（内部资料）、《陕西省统计年鉴（2017）》。

三是微观层面：选取陕西省陕北、关中和陕南三个公共文化服务典型地区，收集典型地区的公共文化服务相关政策文本、工作总结等二手资料，通过实地调查和深入访谈，获得一手调查数据。通过扎根理论的研究方法对其模式进行总结，进而总结作为西部地区代表的陕西省的公共文化服务模式。

（二）研究方法

本研究的具体技术方法包括定性数据的质性分析方法和定量数据分析方法。采取管理学、社会学、文化学研究和统计学研究相结合的多学科交叉研究方法，以定量研究为主，辅之以定性研究。

1. 定量研究

实证分析方法。主要有常规统计分析方法和高级统计分析方法，主要的数据分析软件是 Stata，同时也在数据的初步处理中辅助使用了 Excel 软件。常规统计分析方法包括交叉表法、OLS 回归分析法；高级统计分析方法有 Logistic 回归、熵值法等。其中，常规统计分析

[①] 《中国文化和旅游年鉴》前身是《中国旅游年鉴》。2018 年，为适应国家机构改革以及主管单位文化和旅游部要求，《中国旅游年鉴》改版为《中国文化和旅游年鉴》。

方法主要用于对省级、市级公共文化服务现状进行分析；高级统计分析方法主要用于对公共文化服务绩效的影响因素、形成机制等进行分析。宏观绩效评价主要基于公共管理学当中的政府绩效评价方法和公共治理的一般框架，构建公共文化服务的绩效评价的指标体系，并基于我国的相关宏观统计数据，从国家、省市和县区的角度，对目前已有的治理模式绩效进行评价；微观绩效评价通过针对不同利益相关者群体的调查，从微观个体的角度对于中国现有公共文化服务的制度和政策绩效进行评价。具体的分析方法会在后面章节的论述中详细阐述。

2. 定性研究

公共政策和制度分析方法。利用系统工程方法进行公共文化服务系统的分析和建设，对政府在不同层面的公共文化服务进行政策评价。采用制度分析方法，对目前省级、市级、县区级公共文化服务政策及其绩效进行文本和内容分析，并基于分析结果进行公共文化服务的制度设计。

内容分析法。利用校内外图书馆和国内外文献资源网站，通过查阅知网、万方等资料库，对公共文化服务、绩效评价等相关文献进行梳理，为本次研究奠定坚实的理论基础；通过对现有文献的梳理总结，结合本研究的目的和内容，引入整体性治理理论构建公共文化服务体系 TSDEP 理论分析框架。

案例分析法。通常意义上的社会学研究方法中的社会调查方法，如结构性的问卷调查，以及上述定量分析的方法只能回答公共文化服务各个治理要素之间"是什么"关系的问题，却不能在更进一步的层面上回答"为什么"公共文化服务治理要素会对治理绩效产生影响。因此，为了更加清晰地反映和说明我国公共文化服务各个治理要素之间的关系及其作用机制，我们还将运用陕西省的具体案例进行补充说明，采用个案分析法和比较分析法等调查公众对公共文化服务的评价。案例分析部分采用质性研究的定性分析方法，与实证部分的定量研究相互补足，相互印证。本书在案例分析部分进行的定性资料分析主要源于个访、组访、实地观察，以及二手资料的文本分析等。通过扎根理论对收集的二手材料进行概念化、范畴化的分析，再对分析结果进行范畴性质的总结。在征得访谈对象同意的前提下，课题组成员对访谈过程进行了录音，并在访谈结束后最短时间内整理了录音材料，充分保证了定性资料调查的真实性和有效性。

第二章 基于整体性治理的公共文化服务体系 TSDEP 理论分析框架

文化作为国家治理的核心内容和重要手段，要发挥其精神层面的育化作用，通过其无形力量弘扬公平、正义，传递光明，传递社会正能量，传递我们中国的传统文化，传承民族和国家的精神，将社会发展的核心理念、社会主义核心价值观以及中华民族优秀的传统文化渗透到人民群众的日常工作与生活当中，从而营造出良好的社会环境与经济发展环境，结合国家政府的社会治理，最终实现全社会的可持续发展。从文化治理的视角来看，在高质量发展的宏观战略下，公共文化服务作为政府公共服务的重要组成部分，会对意识形态产生重要的影响作用。本章通过对我国的公共文化服务具体政策和实践的分析，借鉴管理学、公共管理学、社会学、文化学等学科交叉的研究范式，通过公共治理理论与整体性治理理论和公共文化服务实践相结合的方式，探索一种在公共文化服务实践领域可行、在公共文化研究领域科学且符合政府实际文化治理工作以及我国文化治理内涵的整体性公共文化服务治理体系。

一 理论综述

文化不仅是一种治理关系，而且具有工具意义。要实现文化的治理价值，离不开基本的公共文化服务供给，公共文化服务是文化治理的实现路径之一（王杨，2019）。

（一）公共治理理论

公共治理理论产生和发展于 20 世纪 70 年代西方"新公共管理运动"，它的兴起与经济全球化、市场失灵、国家作用不足、传统官僚体制的失败、政治民主化进程加快以及公民社会发展等方面相关（李少惠、余君萍，2009），加快了政府管理由"统治"向"治理""善治"的转变，表达了多元共治、协同合作的基本理念。公共治理理论力图构建起弥补市场和政府在社会资源配置中"失灵"的公共管理新范式，为政府行政改革和政策创新奠定了基础，是公共管理理论与实践的重大变革。公共治理作为一种协调方式，其根本目标是在各种不同的制度关系中运用权力去引导、控制和规范公民的各种活动，以最大限度增进公共利益（滕世华，2002）。将公共治理理论运用于公共文化服务领域，可将其描述为：为满足人民群众日益增长的文化需求，以公共利益为导向，政府、市场、社会、个人等多元主体采用协同合作的方式参与管理文化场域中的各项活动，进而提升管理绩效。

20 世纪 80 年代，以罗伯特·登哈特（Robert B. Denhardt）为代表的行政学者在对"新公共管理理论"进行反思和继承的基础上提出"新公共服务理论"。新公共服务理论基于"服务而非掌舵"的理论基础，强调政府责任，倡导公共部门应以人为本，树立服务意识，是关于公共行政在以公民为中心的治理系统中所扮演的角色的一套理念，主张一种基于公民权、民主和为公共利益服务的新公共服务模式。其主要思想体现在以下四方面。一是要重新定位政府角色。政府是属于全体公民的，其职能是服务而不是掌舵。政府要扮演的角色不再局限于产品或服务的提供者，还应兼具"中介人""裁判员"等角色，协商解决矛盾冲突，实现从"管理"向"治理"的转型。二是以公民为中心，注重公共利益。政府应帮助公民表达其公共需求，为全体公民普遍的利益负责；政府需要创造宽松和不受约束的环境，和民众共同讨论社会发展的方向（苏哲，2004），以满足公民需要为出发点，开展广泛的公众对话，关注公民偏好及意见，提供优质的公共服务。三是要分享权力，注重公民权。公民在社会治理过程中是负责任的参与者，是公共资源的管理者而非"企业家"，政府应向公民分享权力，通过公民来工作。四是要强化政府责任意识。政府的责任是为全体公民服务，责任并不简单。政府应强化责任意识，遵守宪法法令、职业标准、民主规范等各种制度和标准，对自身公共管理行为负责。

新公共服务理论关注民主价值观，坚持"以人为本"，强调公民参与、公共服务质量、公民精神等公民权，为公共服务的发生逻辑、价值取向与管理实践提供了新的理论选择。公共文化服务作为公共服务的分支，应注重服务过程中的公民参与和服务质量的保障，在评价过程中要综合考虑投入产出、治理客体、治理环境等因素。因此，新公共服务理论可为公共文化服务绩效评价指标的选取及评估标准的确立提供衡量尺度。

（二）整体性治理理论

公共治理是一个复杂的系统工程，公共部门在面临具体的公共事务治理时会受到诸多因素的交互影响，因此在整个公共管理实践中发展起来的公共治理理论更需要注重系统性。首先，需要有一套完整的社会管理体系，贯穿公共治理的始末。完备的社会管理体系能够使公共部门的治理更加具有逻辑性和系统性，能够在一般意义的社会管理问题上进行推广和应用。其次，还需要有一套完整的治理绩效的影响框架，将正确的治理因素变为治理过程中的规则，以规范社会管理中涉及的治理对象的行为。

整体性治理理论在上述的背景之下应运而生。整体性治理理论是目前公共治理理论的最新发展和重要分支，是在碎片化治理基础上发展起来的。其最早由英国的学者在《整体政府》中提出来。希克斯在 2002 年《迈向整体性治理》一书中定义了整体性治理理论，该书认为整体性治理就是指政府部门在充分的沟通与合作下，达成有效的整合，彼此的治理目标能够连续一致，治理工具能够相互配合，最终达到合作无间的治理目标的治理行动（Leat et al.，2002）。研究重点在于政府机构和部门之间的整体性运作，强调公共治理应该从分散走向集中，从部分走向整体，从破碎走向整合（竺乾威，2008）。整体性治理作为一种解决社会问题的方式，是对传统公共管理的衰落和新公共管理改革过程中造成的严重碎片化的回应，是协同理论和整体主义思维方式的一种表现。整体性治理强调用整合化的治理组织形式，通过在不同层面包括宏观到微观、各种治理过程中各个利益相关者的整合（Young and Thyil，2008），协调正式的组织管理关系和各利益相关者关系，采用网络化结构等方式，实现对资源的有效利用，对社会公共问题的协商解决和对公共服务的综合供给（高建华，2010）。整体性治理追求的是更注重全局的社会管理的公共治理模式，有学者已经通过政府内部机构和部门之间的功能整合，将政府横向的部门结构和纵向的层级结构有机整合起来，提出了一个立体的整体性治理模型（Leat et al.，2002），该模型强调了治理主体的层级、公共治理的功能和参与部门治理的整体性。

（三）公共治理要素

公共管理领域的理论始于政治学中的三权分立，此后逐渐发展为传统的公共行政学，19 世纪末 20 世纪初逐渐成形。在 100 余年的发展历程中，这方面的研究发生了三次重大的范式变革，即从传统的公共行政学到公共政策分析再到公共管理学。这一变化过程不仅体现了学科术语使用习惯的不同，更代表了公共部门管理研究发展过程中依次出现的研究途径和范式（陈振明，2005）。20 世纪 70 年代开始，以管理主义和公共选择理论为基础的新公共管理理论兴起，随着全球公共治理情势的新变化，其要求政府能够快速、灵活、有效应对面临的挑战。由于政府管理危机和市场调节危机的出现，同时伴随现在全球公民社会组织的兴起，公共治理理论作为新公共管理运动的主要推动理论开始在全球范围内掀起了研究的热潮。继续全部依赖政府来解决公共问题的做法已无法取得预期的效果，而且单一公共部门解决复杂问题的能力也受到了限制。国内最早引入治理的概念始于俞可平主编的《治理与善治》，随后陈振明、毛寿龙等学者对公共治理理论进行了总体性研究和论述，重点阐述了公共治理中政府、市场和公民社会的关系问题。大部分的研究主要停留在了概念和理念的层面上，缺少具体的分析框架和指标。

从狭义上来讲，公共治理是一种协调方式，它有自发的协调秩序和结构，依靠多种相互作用的力量发挥作用。该理论既是指导公共部门行政改革和政策创新的理论基础，又是一种针对公共事务管理的分析框架。由于其属于政治学研究的范畴，因此公共治理也被认为是政治学及其发展而来的公共管理学共同研究的理论。而涉及具体的公共治理问题，已有研究未将公共治理与上述研究范式的发展联系起来，而是将公共治理的理论用于"新公共管理"的应用研究之中。通过诸多关于行政学、公共管理学、新公共管理和公共治理的研究可以发现，公共治理在逻辑上与前面三种研究范式有继承与改良的关系。因此，有学者指出，公共治理研究范式的核心就在于，在公共目标的实现过程中，政策分析和公共行政的"分析单元"从公共组织或单个的公共项目转到有特色的工具使用研究上（王伟昌，2005）。俞可平将"治理与善治"作为一种"新的政治分析框架"（俞可平、徐秀丽，2004），为公共治理研究提供了最初的研究分析框架。目前比较成熟的公共治理理论研究框架是将公共治理进行要素的分解（杨雪燕、李树茁，2009）。也有学者提出，政府治理理念、治理结构和治理过程所构成的三位一体的有机框架和治理网络是公共治理在公共管理领域中的一种范式（李德国、蔡晶晶，2004），其中多元化的治理结构是该范式中的核心要素，能够提高公共管理的水平和公共服务的质量。

除了上述有关公共治理分析框架的研究，采用公共治理理论对20世纪80年代以来的政府治理改革的动因和举措进行回顾性分析（张璋，2002）也是众多学者研究的一个主要方向。但是前期的治理研究与分析基本局限于理念和基本要素的分析，俞可平基于治理与善治的理论试图建立一套针对中国民主治理的评价指标体系，进行了治理分析框架操作化的尝试（俞可平，2004）。此外，公共治理的成效愈来愈依靠政府、市场、企业、公民与社会之间相互影响和良性互动，只有依赖多元主体结成的社会网络治理机制，才能实现有效的公共治理（刘雨辰，2012）。在有关公共治理实践领域，学者们进行了许多初步的探索，有关具体治理要素的相关理论将在后文进行详细论述。

（四）公共文化服务评价

基本公共文化服务绩效评价能够客观反映政府在文化治理进程中的工作效率与政策落实效果，通过公共文化服务的评价工作，能够相对精确地掌握公共文化服务政策的推进进度，从而进一步推进我国公共文化服务的实践工作。已有研究的研究方法以规范性研究为主，缺少实证研究。特别是对西部地区的公共文化服务建设缺少成功案例和模式总结的研究，研究视角比较单一，研究结论较为宏观，缺乏数据验证与实践经验。

公共文化服务体系构建、绩效评价与模式探索多为宏观理论研究，缺少微观实践的应用研究，没有形成跨学科的整体研究。虽然公共文化服务是公共管理的典型问题，但政府在实践中的诸多关键问题难以得到彻底解决，缺乏理论支持与实践经验总结。基本公共文化服务的理论研究滞后于我国公共文化服务实践的发展，没有形成科学系统的评价指标体系，研究方法较为单一，缺少实证调研分析，研究内容不够深入，缺乏系统性。这使已有研究难以为目前我国公共文化服务标准化与均等化以及未来的发展提供必要的参考与指导。《国家"十一五"时期文化发展规划纲要》要求"建立政府对公共文化事业投入的绩效考评机制",公共文化服务的绩效考评已经具有了政策依据。

公共文化服务领域虽然已有大量研究成果,但是随着我国经济的快速发展和社会的快速转型,我国的公共文化服务实践也快速发展,需求快速增长,仍有研究价值和诸多值得探讨与深入的研究领域。目前,应在公共文化服务评价领域建立更加系统与科学的理论体系,尝试交叉学科的融入与借鉴,挖掘新的研究视角,体现评价体系的系统化与科学化。已有诸多研究对我国目前的公共文化服务的不同层面进行了测算与评价,其中治理效能用于量化评估对象的工作实绩,指对所设定目标完成程度的测评(余胜,2006),是不含价值取向的客观性要素。

二 基于整体性治理的公共文化服务治理要素分析

随着我国的快速转型,经济、社会、政治等发生着巨大的变化,公共性日趋减弱(吴理财,2012),同时,公共文化服务则发挥着重要的社会治理功能,可以引导全社会来参与治理,因此把"治理"引入公共文化服务成为目前公共文化服务领域的热点。作为典型的社会治理问题,公共文化服务的供给需要从公共治理的视角来探讨。党的十九届四中全会提出,要持续推进国家治理体系和治理能力现代化,而文化作为社会发展的基础,成为政府工作的重中之重,文化治理就成为国家治理体系在文化领域的体现。

(一) 治理工具(政策 Tool)

治理工具(也称为政策工具、政府工具)是按照内在的逻辑顺序进行的一系列治理行为过程,一般包括治理工具执行的准备、治理工具的实施和绩效的评估等方面。治理工具的各个方面紧密联系、相互作用，是整个公共治理系统运作体系的重要组成部分。公共文化的政策工具要想更好地完成国家文化强国建设的顶层设计和制度成果转化，便需要形成支持公共文化服务高质量发展、支持推进现代治理体系建设的公共文化服务政策体系。

（二）治理主体（供给 Supply）

公共治理执行的实施者被称为治理主体，是单一的或者多个执行组织，其在明确治理目标后，确定实施计划，运用公共资源，通过对治理对象的宣传和服务等治理措施，以及一系列的实施、协调和监控等行为，实现公共利益的有效分配，最终实现治理目标。治理主体不是一个人，而是团结起来形成组织的主体。在文化治理的过程中需要应对和处理多重的社会关系，但同时也有多种社会关系可供调度，成为治理的资源。我国的公共文化治理以政府为主导，但是需要全体人民群众共同参与，是一项有中国特色的社会管理事务。

（三）治理客体（需求 Demand）

公共治理的目标群体就是指公共治理过程直接或者间接影响的组织或者人群，又称为治理客体。公共事务的治理会对相关利益群体和组织产生制约和改变的作用。因此，治理客体是否认同或支持公共事务的治理，被视为公共治理执行是否高效、治理目标能否实现的关键因素之一。在公共文化服务体系建设的过程中，政府机构或管理部门常常是扮演管理者角色的治理主体，而公众则是治理客体，公共文化服务体系构建不仅涉及供给主体提供何种服务与如何提供服务的问题，更涉及作为需求主体的公众如何表达文化诉求、参与文化创造的问题。

（四）治理环境（经济、人口、文化 Environment）

我国幅员辽阔，区域发展具有很大差异，人口分布不平等，导致目前省级的公共文化服务机构的工作绩效产生巨大差异（上海高校都市文化 E-研究院，2012）。从公共文化服务供给来看，文化差异是地区特有的信息，地方政府更加了解、掌握更充分。因此，基于发挥信息优势和提高地区组织效率，对于文化差异大的地区，应加大财政资源配置的差异性（Zhuravskaya，2000）。

地方财力较强，更能满足居民的公共文化需求（宋英杰等，2019）。在公共产品供给的过程中，个体的感受水平具有决定性作用。居民的异质性偏好会增加公共产品供给的难度。居民的异质性偏好难以度量，但文化是主要的影响因素。文化的多样性决定了居民偏好的异质性，从而政府的公共文化服务供给存在差异。文化差异这一软环境在公共文化服务供给中的作用不容忽视。

公共治理所处的外部环境总是在不停地发展变化，而公共事务具有较强的外部依赖性，组织必须根据外部环境的特点和内部需求设计其组织结构和程序（Powell，1983）。作为联动性要素，治理环境与其他要素共同构成有机系统。例如，英国的研究者胡德指出，理解政府工具与环境之间的关系非常重要，公共行政应该研究的是在具体情境下特定工具的表现优劣（Hood，1983）。

（五）治理绩效（绩效 Performance）

绩效是指对管理活动结果的评价，描述活动的结果与设定的目标之间的差距或接近程度（芦苇青等，2020），绩效既不等于产出本身，也不等于产品或服务本身，而是投入所获得的效益及其产生的社会效果，同时具备质与量的规定性。"绩效"一词最初运用于企业界，绩效评价指对绩效进行考核评价，20 世纪由西方国家引进到政府部门，意在通过评判政府的工作业绩提高其治理能力（胡税根等，

2018)。有学者认为绩效评价是提升供给服务水平,有效解决政府向社会力量购买服务效率不高问题的重要方式(王克强等,2019)。本研究认为,绩效评价是效能和效率的有机契合,指评估主体通过运用合理的手段建构科学的评估指标体系,遵循一定的原则和标准对评价客体各个方面的实际状况做出综合评价和结果解释,最终目的是发现问题,进而提升绩效水平。公共文化服务绩效评估是对政府公共部门管理过程中投入、产出、中期成果和最终成果所反映的绩效进行评定和划分等级(王学琴、陈雅,2015),指多元主体运用科学的绩效评估方法对多元对象的多层次、多维度评估,评估范畴应延伸到由政府、社会、市场所组成的公共文化场域中,其评估目标不仅仅是对财政投入效率和效益的测算,更强调其服务取向、社会取向和市场取向,重视公共文化产出的数量和质量(翟小会,2020)。本研究将公共文化服务绩效界定为对公共文化部门所投入的资金、提供的文化产品和服务以及各种活动进行评判,以产出的社会效益最大化为目标,对公共文化服务供给的方式、过程、结果等进行客观的分析评价。党的十九届四中全会提出现代治理体系和治理能力的现代化,其中对公共文化服务体系供给侧的改革提出明确要求,即效能导向,除了对公共文化服务的投入提出要求,还要求公共文化服务政策进一步落实,从而达到一定的公共文化服务的治理绩效,如此才能使公共文化服务真正落地到服务对象的需求上。统计数据显示,我国文化事业费与国家财政总支出呈现逐年上涨的态势,2019年我国文化事业费达1065.02亿元。[①] 伴随政府对公共文化服务的投入持续增长,其相对应的绩效却没有显著提升。但有关学者的研究表明,我国公共文化服务的效能与文化事业财政预算的增长趋势两者并未同步,有研究通过对2001~2013年我国31个省级政府的数据进行计量检验,分析得出省级政府公共文化服务供给平

---

① 国家统计局社会科技和文化产业统计司.中国社会统计年鉴[M].北京:中国统计出版社,2020:281.

均存在 23% 的效率损失，且文化事业费占财政支出比重越大效率越低（申亮、王玉燕，2017）。这表明公共投入的绩效仍然存在较大的提升空间。基本公共文化服务的治理绩效根据国家政策文件的指导，应重点体现公益性、便利性、均等性、基本性四个重要性。因此，对于我国基本公共文化服务的治理绩效，需要进行诸多方面的考量（陈建，2022）。

对已有的研究进行梳理，我们可以发现有关基本公共文化服务的绩效评价集中在以下几个层面。一是针对绩效指标的研究。主要指针对评价服务体系、考核方法与制度的具体指标研究，包含了公共文化服务的内容、社会需求、公共文化资源、文化与科技含量、机构职业素质、服务功能效益、社会满意度、公共文化服务运行成本等。二是针对公共文化服务能力的研究。主要从管理学角度出发，对公共文化服务的投入、产出、绩效三方面进行综合评价，包含了公共文化的政府投入规模与治理结构、公共文化服务基础设施、公共文化服务活动、基础设施使用情况等。三是针对具体公共文化项目的研究。

三 基于整体性治理的公共文化服务体系 TSDEP 理论分析框架的构建

在整体性治理理论指导下，构建科学系统的省级公共文化服务绩效影响因素分析框架和绩效评价指标体系。突破传统的仅从政府角度探讨的窠臼，综合考虑转型社会特征和政策制度环境因素，尝试发现公共文化服务和社会的新机制，引入整体性治理理论，以治理要素为基础构建公共文化服务评价体系，为公共文化服务和文化治理提供新的思路。

公共文化服务内容复杂，整体涉及范围较广，目前国内关于公共文化服务综合绩效评价的研究多集中于微观与定性方面，缺乏宏观层面系统性的研究，且评价标准没有实现制度化，规范化程度较低。本研究基于整体性治理的分析视角，通过构建完整的省级公共文化服务绩效评价分析框架，梳理治理工具、主客体、效能、环境与治理绩效之间的关系，为后文公共文化服务绩效评价指标体系的构建提供理论指导。如图2-1所示，本研究主要从以下五个维度构建框架模型。一是治理工具。通过省级公共文化服务相关政策、制度、规章等的数量来反映不同区域对公共文化服务的重视程度、整体规划与宏观调控情况。二是治理主体。反映了政府、企业、社会多元主体协同合作对"三馆一站"等文化机构公共文化服务建设过程中财政投入、硬件建设与软件投入方面的供给水平。三是治理客体。有效衡量治理客体日益增多的精神文化需求、扩大治理客体的参与度，有助于打破主客体间沟通障碍，防止信息传播失真，实现供需对等。四是治理效能。治理效能是综合治理绩效评价的重要衡量标准，主要从"投入—产出"的角度来衡量，体现了公共文化服务供给效能与需求效能间的关系以及社会效益的实现情况。五是治

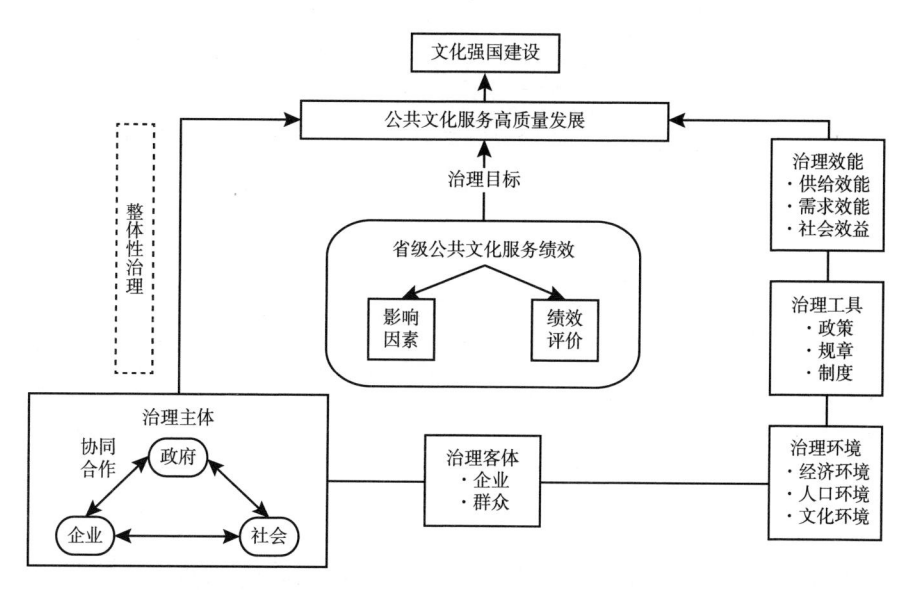

图 2-1 我国省级公共文化服务体系分析框架

理环境。具体涵盖经济环境、人口环境与文化环境。经济环境反映社会发展水平，通常用 GDP 与人均 GDP 衡量；人口环境主要体现了一个地区的人口结构与人口素质，可以用总人口数、年龄分层、文盲率等来衡量；文化环境反映区域文化属地特征，东、中、西部地区具备自身文化特征。

综上所述，基于整体性治理视角，在公共文化服务绩效评价分析框架中，各要素间相互影响，主客体间协同合作。期望本研究能为进一步形成科学性、丰富性的绩效评价指标体系，提高全国范围内的公共文化服务治理绩效，促进我国公共文化服务的全面科学发展以及推动我国公共文化治理体系和治理能力的现代化发展等提供依据。

第二篇 基于公共文化服务体系 TSDEP 分析框架的实证研究

第三章　中国公共文化服务的治理工具分析

新中国成立以来，我国经历了从"政治中国"到"经济中国"再到"文化中国"的发展历程（傅才武、申念衢，2019）。党的十九届四中全会再一次强调应进一步提高国家的治理能力，这一指导意见将我国的公共文化服务建设的公共政策提升到更加重要的地位。党的十九届五中全会更是从战略全局视角出发，明确提出到2035年要实现"文化强国"的建设目标，这为我国建设文化强国提供了"时间表"和"路线图"，奠定了重要的政策基础。回顾新中国成立70余年来我国文化建设的发展历程，公共文化服务建设问题始终是党和政府持续关注的重要议题和焦点内容。通过开展公共文化服务，将政策切实落地是满足人民过上美好生活新期待的重要路径。特别是党的十九大报告提出"完善公共文化服务体系，深入实施文化惠民工程，丰富群众性文化活动"，将文化的地位和作用再次提升到崭新高度。在一系列规章制度和政策文件指导下，我国文化事业和文化产业高速发展。

公共文化建设是社会主义中国的特色。改革开放以来，我国积极推进具有中国特色的公共文化事业发展，迄今为止取得了巨大进步。2005年中共中央明确提出建设"公共文化服务体系"，此后，我国公共文化服务体系建设进入高速发展阶段。公共文化服务政策工具是实现公共文化服务有效供给的途径，也是进行政策分析的必要手段。据不完全统计，1949~2014年，中央政府及相关部门共出台近百项公共文化服务政策，政策种类包括公共文化服务及其产业的发展规划、各类公共文化服务场所及设施建设或管理标准、公共文化服务工程实施方案等。虽然新中国成立之初国家就开始了有关文化建设的工作，但最早以政策文本的形式正式出台公共文化服务政策是在1981年（胡税根、李倩，2015）。

在上述背景下，学术界对公共文化服务政策的研究开始兴起。已有研究主要集中在对政策数量、主体、内容的量化与交互分析等方面（李少惠、王婷，2019）。有学者对于公共文化服务政策的发展历程进行分析，从国家层面的政策出发，将我国的公共文化服务政策发展分为初始阶段（1981~2000年）、探索阶段（2001~2005年）、深化阶段（2006年至今）（胡税根、李倩，2015）。虽然省级公共文化服务政策法规的发展滞后于国家层面，但是从公共文化服务政策之初发展到现在，我国各省份在已有的经济与社会发展基础上已经形成了不同的公共文化发展基础与模式。从研究的角度出发，当前我国的公共文化服务政策研究规模偏小且系统性不足，部分研究尚局限于对宏观政策的表层描述，对相关政策的深入剖析不足，尤其对于省级层面公共文化服务政策的分析欠缺。在研究方法方面，当前研究以定性分析为主，缺少量化研究与定性分析的结合，限制了研究成果的理论解释力和指导价值。已有研究多针对国家和中央层面的公共政策内容进行分析，鲜有关于省级层面的公共文化服务政策法规分类与深入对比分析。

本章系统梳理了自第一部公共文化服务政策出台以来我国公共文化服务领域的政策法规，并对政策进行文本分析：首先对公共文化服务政策的类型进行细分，其次重点分析各省市公共文化服务政策法规随时间变化的发展情况，最后结合实证数据从省级层面分析我国公共文化的发展并进行总结。本章节重点围绕以下问题展开：新中国成立以来我国公共文化服务政策法规的发展历程，我国公共文化服务政策法规的分类，我国省级公共文化服务政策法规的发展与异同，不同环境下我国省级公共文化服务政策法规的选择与绩效。通过政策梳理能够更好地把握全国公共文化服务的现状。结合宏观统计数据，从公共文化服务的规模、结构、区域差异等方面，系统揭示公共文化服务的基本态势；综合考虑目前新的社会特征和政策制度环境因素，尝试发现公共文化服务在新环境中的产生机制。这将有利于加深公众和政府对公共文化服务的正确认识，为公共文化服务建设提供新的切入点和思路。

一 研究设计

（一）数据来源

本章的研究对象为1981~2019年的公共文化服务政策法规。政策文本主要从全球法律法规网、北大法宝——中国法律检索系统、文化部公共文化研究上海图书馆基地发布的公共文化服务政策基础数据库、文化和旅游部官网以及文化政策图书馆数据库等比较权威的法律政策网站搜集。

本章节数据纳入的公共文化服务政策主要考察的是国家级、省级和市级公共文化相关政策文件内容的热点和重点。考虑到上述数据库所收录的政策内容覆盖面广，发文机构不一，发文的种类多样，本研究在收集所有政策文本数据的基础上，通过人工浏览阅读的方式筛选与公共文化服务政策直接相关的政策文本，再通过内容分析进一步对样本进行梳理。经过筛选，遴选出1981~2019年国家级、省级和市级政府机构及其相关部门颁发的公共文化服务政策法规文件，文件类型主要包括法律法规、决定、通知等，最终纳入研究范畴的有效公共文化服务政策法规中，国家级政策法规样本为98份，省市级政策法规样本为351份。

(二) 分析方法

本章节按照学界基本认可的公共文化服务发展阶段，按照公共文化服务政策初始、政策探索和政策深化三个阶段（曹树金等，2019；李少惠、王婷，2019），分别以 2000 年、2005 年为两个重要节点对国家和省级出台的公共文化相关政策法规进行阶段划分。在此基础上采用了定性与定量相结合的方式对纳入数据库的政策进行深入分析。一是文本分析方法，主要通过内容分析对公共文化服务政策文本进行分类，依据政策工具理论对纳入样本的公共政策进行类型划分，并将时间节点纳入四类公共文化服务政策的演变过程。二是实证分析方法，构建基于省级层面的回归模型，分析不同类型公共文化服务政策的经济影响因素、人口影响因素、文化影响因素。然后通过公共文化服务政策法规的文本分析结果，将我国 31 个省份进行聚类分析，探讨公共文化服务政策发展类型与影响公共文化服务政策工具选择的具体因素。聚类分析的思想主要是根据数据自身的信息来进行统计分析，按照相似度将数据分成不同的组，以保证组内变量的差异最小、组间变量的差异最大。按照上述聚类要求来估计参数，从而提高参数的准确性和有效性。

二 中国宏观公共文化服务政策的发展历程

政策工具研究既是当代公共管理学理论研究新的学科分支，又是当代公共管理实践新的重大课题。其研究主要集中在三大主题：识别和分类、工具特性和适用情境、工具选择及其绩效（赵靖芳，2007）。关于政府政策工具定义，毛寿龙等学者认为，政府治理工具就是政府实现其政府职能的手段，通过政府治理工具，政府职能得以实现，公共问题得以解决（毛寿龙，2004）。里格林等将政策工具定义为"致力于影响和支配社会进步的具有共同特征的政策活动的集合"（Nispen and Peters，1998）。从目前国内学界对政策工具的研究现状来看，相关文献不多，主要散见于极少数专业教材和论文之中，且比较零碎，与具体治理问题相结合的治理工具的研究较少。

（一）政策工具的分类

进行政策工具的选择时，首先遇到的一个问题就是有哪些政策工具可以利用，也就是选择什么类型的政策工具。不同的治理工具具有不同的特性，这些工具的特性可以表现为不仅具有一些共同特征，而且具有自身特征。政策工具可以通过一系列政策基本单元来构建一类公共政策（王家合等，2020）。同时，由于治理工具的目的是解决公共问题，而不同公共问题又具有不同的特点，因此针对不同的治理问题，政策工具所具有的特性和自身属性也不尽相同。有关政策工具分类的研究，最早、最为著名的是胡德的分类。他将政府的政策工具分为四大类：信息类工具、资财类工具、权威符号、组织性工具（Hood，1983）。在公共问题上，霍莱特和拉梅什根据政府在提供公共产品过程中的参与程度，将政策工具分为自愿性工具、强制性工具和混合性工具三类（Howlett and Ramesh，2009）。麦克唐纳尔和艾莫尔则根据政府治理所要达到的目标将政策工具分为命令性工具、激励性工具、能力建设工具和系统变化工具四类（陈振明，2003）。

（二）公共文化服务政策工具与环境

聚焦我国的公共文化服务政策，可以发现，在公共文化服务政策的选择上，政府对于公共文化服务政策的环境具有较大的依赖性。有关公共文化服务政策的研究主要集中在国家层面的公共政策分析，有些学者对不同年份国家文化政策的发展进行梳理，总结其政策变迁的趋势，并对其变化的原因进行分析（胡税根、李倩，2015；郭远远、陈世香，2018；曹树金等，2019；李少惠、王婷，2019）。另有一些学者对公共文化服务政策进行内容分析，从文本分析的角度阐释国家公共文化服务政策的演变，论述政策要素之间的关系（吕芳，2019）。也有学者开始从公共管理理论的政策工具视角关注我国公共文化服务政策，将我国的公共文化服务政策分为了环境型、供给型与需求型三类（汪圣等，2018）。

上述对于国家宏观层面的研究为我们提供了很好的研究基础，但是对于在省级层面公共文化服务政策的分析存在非常明显的空白。对于国家宏观层面的公共文化服务政策分析已经清晰地描绘出我国70余年以来文化建设取得的成就。但我国幅员辽阔，各省份间具有地域差异，在经济、社会、人口、文化等方面不尽相同。虽然各省份在"文化强省"建设方面分别取得了各具特色的成绩，公共文化建设形成了各自的特点与经验，但在这方面尚缺乏系统的梳理与总结。

我国公共文化服务政策对我国的公共文化治理工具具有重要的引导与支持作用。政策设计之初就是为了满足我国群众的文化需求，因此政府从供给的角度推出诸多基本公共文化服务政策。从供给和需求的角度来讲，可以将我国的公共文化服务政策分为供给型政策（政府主体，法律法规）和需求型政策（社会、群众等客体）。无论是供给型政策还是需求型政策，都是为了保障公共文化服务的落实、稳定与长期的发展，也需要对各类政策进行统筹安排，提高"政策工具—治理目标"的适配性。因此，首先需要将我国各省份的公共文化服务政策进行区分与总结。

公共文化服务随着社会经济的发展，目前已经被划分为两类：一类是基本公共文化服务，另一类是个性公共文化服务（祁述裕、曹伟，2015）。换言之，公共文化服务政策一方面需要满足群众的基本文化需求，另一方面需要提供多元、可供群众进行选择的个性公共文化服务。在此背景下，我们在学界"供给需求"的政策基础上，将"保障激励"也纳入公共文化服务政策的分类范畴。具体将公共文化服务政策分为供给型政策、需求型政策、保障型政策（环境政策，财政、人才、基础设施建设等支持政策）和激励型政策（市场、政府购买、企业支持等）。对于四种政策分类的具体内容见表3-1。

表 3-1　1981~2019 年 31 个省份政策工具分类

单位：部，%

政策工具类型	政策工具名称文本内容	省份分布	省份占比
供给型	基础设施、资金、法律、规划、示范	30	96.77
需求型	人才、市场、购买服务	28	90.32
保障型	法律法规、服务管制、目标规划、基础设施	31	100.00
激励型	鼓励多元参与、宣传倡导、奖励扶助、项目建设	29	94.00

由表 3-1 可以得出，1981~2019 年我国 31 个省份在制定公共文化服务政策时，都尽可能充分考虑不同的政策工具。其中我国 31 个省份都制定了保障型政策，29 个省份制定了激励型政策，1 个省份（海南）没有涉及供给型政策，3 个省份（黑龙江、江西和宁夏）没有涉及需求型政策。从公共文化服务政策全国层面的政策分类来看，或许是由于公共文化本身具有社会公益属性，供给型和保障型两类基础政策的省份占比最高。在目前的供给侧改革与公共文化服务效能提升的大背景下，为了契合群众的文化需求和鼓励多元渠道的供给，越来越多的省份开始增加需求型与激励型的政策。

（三）国家级公共文化服务政策发展

由图 3-1 可得，从三个阶段来看，国家宏观层面的公共文化服务政策发展迅速，探索阶段有明显上升趋势，而在深化阶段公共文化服务政策整体呈大幅度上升趋势。

由表 3-2 可得，我国出台的公共文化服务政策中供给型政策占比最高，保障型政策次之，激励型和需求型政策占比相对较低。这说明我国在制定公共文化服务政策时，多从政府主体角度出发制定法律法规，或从财政、人才、基础设施建设等方面考虑政策内容，较少从社会、群众等客体角度出发制定相关政策法规。因此，仍须进一步完善政府购买公共文化服务、市场刺激公共文化服务消费和企业支持公共文化服务力度等方面的政策法规。

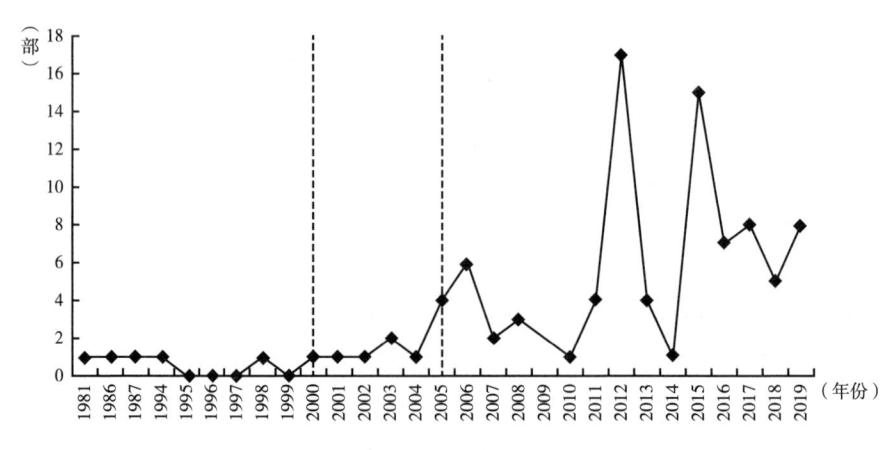

图 3-1　1981~2019 年国家公共文化服务政策出台数量

表 3-2　国家公共文化服务政策分类

单位：部，%

政策发展阶段	政策数量	供给型政策	需求型政策	保障型政策	激励型政策
初始阶段	6	6	0	6	0
探索阶段	9	7	2	8	1
深化阶段	83	58	25	45	38
总数	98	71	27	59	39
占比	—	72.45	27.55	60.20	39.80

三　中国公共文化服务政策的省级聚类分析

（一）省级公共文化服务政策模型的设立

根据"经济—社会—文化—政策"理论框架，有学者对公共文化绩效的影响因素进行了研究，政策环境对政策具有重要的影响作用（汪圣、刘旭青，2018），且作为重要影响因素的经济、人口等变量均在其中（李细归等，2019）。本研究以各省份1981年以来出台的各类公共文化服务政策法规数量（P）为被解释变量，以各省份的经济发展水平（E）和人口数量（Po）为解释变量。同时，因为公共文化本身的文化属性，我国中、东、西部地区文化的巨大差异，所以在省级层面将区域（R）也纳入模型的解释变量。分别按照不同公共文化服务政策类型构建了四个回归模型。为消除异方差的影响，本研究选择建立 Ln（P）、Ln（E）、Ln（Po）、Ln（R）的对数回归模型，取对数后各被解释变量与解释变量间呈现出一定的线性关系。

由于主要是由政府主导进行公共文化服务，因此，各省份均以供给型公共政策的出台为主。在上述实证模型的分析结果中（见表3-3）可以发现，在四类公共文化服务政策类型中，供给型政策受到经济、人口、区域影响最大。其中，省级的经济基础基本决定了公共文化供给型政策的数量，也就是说，经济越发达的省份，其出台的供给型公共文化服务政策数量也就越多，并且两个变量呈现正相关。而从人口变量来看，人口变量仅对供给型与需求型政策数量影响显著。这说明公共文化服务政策的服务对象，要从供给与需求的角度进行政策设计。从区域变量来看，西部与东部相比，四类公共文化服务政策均没有显著的变化，但是在供给型与激励型政策方面，与东部地区相比，其对中部地区的影响较大。

表3-3 公共文化服务政策影响因素模型

变量		供给型政策	需求型政策	保障型政策	激励型政策
经济		2.985 (3.55)***	-0.3 (-0.74)	1.22 (2.03)*	1.452 (2.51)**
人口		-0.001 (-2.35)**	0.001 (2.04)*	-0.001 (-1.05)	-0.001 (-0.89)
区域	中部（东部）	7.033 (2.72)**	-2.035 (-1.66)	0.548 (0.3)	4.416 (2.47)**
	西部（东部）	3.683 (1.57)	-0.05 (-0.04)	0.9 (0.54)	2.613 (1.62)
R^2		0.425	0.308	0.263	0.413

续表

变量	供给型政策	需求型政策	保障型政策	激励型政策
调整后的 R^2	0.337	0.202	0.15	0.323
常数项	1.345 (0.61)	2.189 (2.09)	2.957 (1.87)	0.614 (0.4)
F 值	4.8***	2.9**	2.32*	4.58***

注：括号外数值为回归系数；括号内为 T 值；*（p<0.1）、**（p<0.05）、***（p<0.01）分别表示在 10%、5%、1%水平下显著。

（二）省级公共文化服务政策的区域差异

首先，将全国 31 个省份进行中、东、西部三类地区的划分。[①] 根据划分结果比较 1981 年以来各地区公共文化服务政策法规数量的差异（见图 3-2 和图 3-3），可以从图中直观得出，各省份在公共文化服务政策法规的出台上具有非常明显的差异。

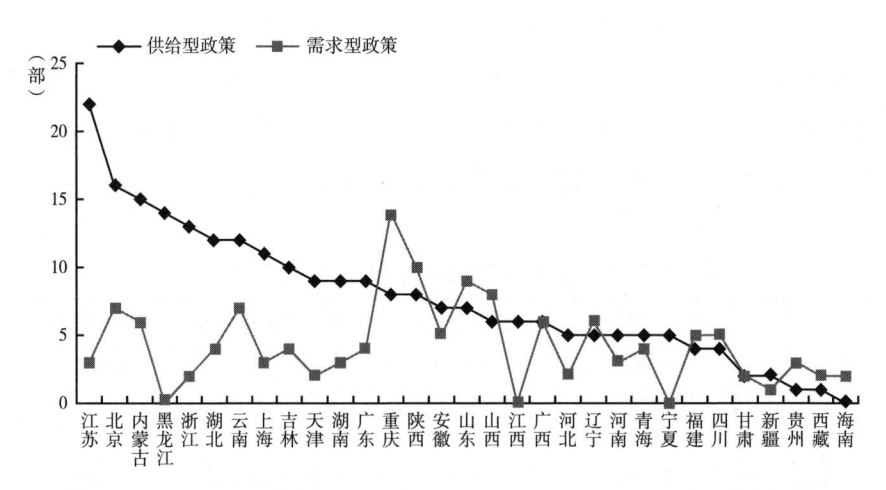

图 3-2　1981~2019 年我国省级供给型与需求型公共文化服务政策分布

[①] 东部地区包括北京、河北、天津、上海、辽宁、山东、江苏、广东、浙江、福建、海南；中部地区包括湖北、湖南、山西、安徽、江西、吉林、黑龙江、河南；西部地区包括内蒙古、四川、青海、广西、宁夏、重庆、贵州、甘肃、云南、西藏、陕西、新疆。

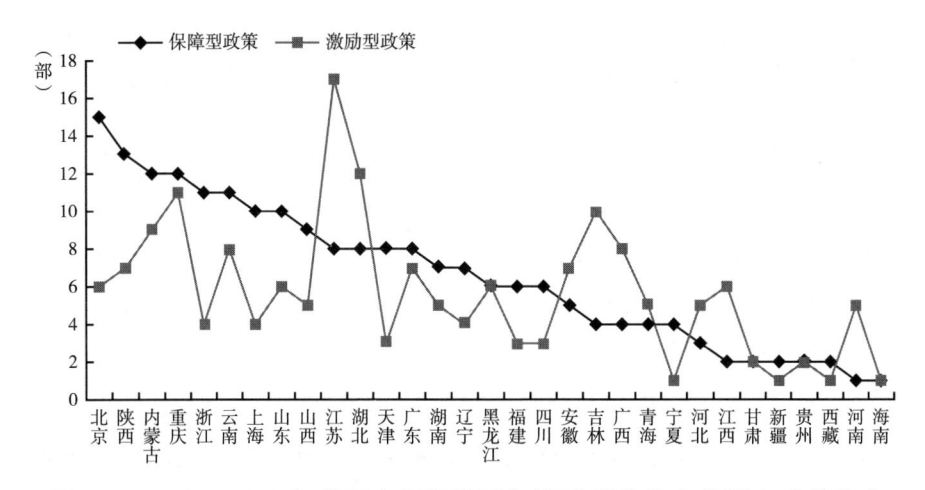

图 3-3　1981~2019 年我国省级保障型与激励型公共文化服务政策分布

由图 3-2 可以得出，我国 31 个省份制定公共文化供给型政策和需求型政策存在显著差异，其中制定公共文化供给型政策数量排前三位的省份是江苏省、北京市和内蒙古自治区，排后三位的省份是贵州省、西藏自治区和海南省。制定供给型政策数量居多的省份主要集中在经济较发达地区，说明其在经济建设的同时也重视公共文化的发展，以政府为主导、各文化相关部门为重要力量，积极制定利于公共文化发展的政策法规。制定公共文化需求型政策数量排前三位的省份是重庆市、陕西省和山东省，排后三位的是黑龙江省、宁夏回族自治区和江西省。制定需求型政策数量居多的省份主要集中在历史文化悠久、资源丰富的省份，说明文化环境良好的地区注重群众的文化诉求，更好地促进了当地文化的传承。总之，基于每个省份不同的经济、政治、社会、文化环境等因素，从供给与需求角度出发，每个省份制定了符合各省份公共文化发展的供给型和需求型政策，不断提升各省份文化竞争力，促进我国公共文化的繁荣发展。

由图 3-3 可以得出，我国 31 个省份制定公共文化保障型政策和激励型政策存在显著差异，其中制定公共文化保障型政策数量排前三位的省份是北京市、陕西省和内蒙古自治区，排后三位的省份是西藏自治区、河南省和海南省。制定保障型政策数量居多的省份主要集中在我国东部和西部地区，我国东部地区经济实力雄厚、技术发展迅猛，在公共文化建设方面有充足的资金、技术、人才的投入；我国西部地区发展落后、综合实力较弱，为加快全国公共文化的整体发展，政府加大财政投入，加强西部地区公共文化基础设施建设、制定人才引进西部计划和税收优惠等支持政策，为西部地区公共文化的发展提供坚实保障。制定公共文化激励型政策数量排前三位的省份是江苏省、湖北省和重庆市，排后三位的是海南省、新疆维吾尔自治区和宁夏回族自治区。制定激励型政策数量居多的省份均衡分布在我国东、中、西部，说明我国大部分省份积极促进多元主体参与公共文化的建设与发展，加强公共文化知识宣传，构建公共文化建设奖惩机制，推动公共文化与其他产业的融合和项目推广。总之，为了满足群众的基本文化需求和个性文化需求，各省份科学合理地制定保障型和激励型公共文化服务政策，努力为群众营造良好的文化活动氛围、提供良好的文化服务空间，努力为企业及其他组织提供政策、资金等支持，加快各省份公共文化的发展，从而促进中国特色社会主义文化建设，推动文化强国的进程。

（三）聚类分析

通过以上的描述性统计，可以对我国各省份的公共文化服务政策有一个宏观的认识。在此基础上，依据不同的公共文化服务政策类型，对31个省份进行聚类分析和分类总结。本章节采用系统聚类法中的离差平方和法，度量的标准选用欧式距离，对31个省份的原始数据采取标准化处理后，将聚类方案的范围设定在3~5个小组，利用SPSS软件进行实证分析，聚类后的结果整理见表3-4。

表 3-4　省级公共文化服务政策聚类分析结果

政策类型	东部省份	中部省份	西部省份
供给型、保障型为主	江苏、浙江、上海、北京、天津、广东	湖南	云南、宁夏、内蒙古
供给型、激励型为主	河北	湖北、黑龙江、吉林、江西、安徽、河南	广西
需求型、保障型为主	山东、福建、辽宁、海南	山西	四川、重庆、贵州、陕西
四类型均分	—	—	青海、新疆、甘肃、西藏

第一组：供给型、保障型为主的省份。经济基础较好，以东部地区为主。东部地区经济发达，资金、人才、基础设施等资源优势显著，各政府部门重视公共文化的发展。在经济基础较占优势的背景下，保证了供给型与保障型公共文化服务政策的覆盖面，基础设施建设完备。

第二组：供给型、激励型为主的省份。以中部地区为主。近年来，中部地区经济发展速度较快，发展势头较好，政府越来越重视公共文化的发展。政府购买公共文化服务、市场刺激公共文化服务消费和企业支持公共文化服务力度都在不断增加。

第三组：需求型、保障型为主的省份。地区特色显著。注重社会、群众对公共文化的个性化差异需求，在人才、资金、基础设施建设等资源上投资力度不断加大。尤其是东部地区和西部地区的差异比较显著。以需求为导向的省份，在公共文化建设方面需要因地制宜，结合当地的文化来开展公共文化服务，因此在需求和保障层面东部、西部地区的公共文化建设各有特色。

第四组：四类型均分。以西部经济不发达地区为主。西部地区经济、文化发展相对落后，对公共文化发展支持力度较弱。这与西部地区地广人稀有一定关系。因此，这类型的省份政府在开展公共文化服务时，主要从基本政策出发，将政策的覆盖面扩大，尚未体现地域特色与创新实践。

四 结论与讨论

本章节基于政策研究的方法,结合中国特色社会主义公共文化服务政策的特点,从政策工具视角出发,对中央以及各省份颁布的公共文化服务政策进行文本分析,研究新中国成立 70 余年以来我国省级公共文化的建设与发展,并得出以下结论。

从政策类型来看,我国省级公共文化服务政策制定存在区域差异,供给型政策受区域差异影响最大。其中东部地区以供给型和保障型政策为主,中部地区以供给型和激励型政策为主,西部地区是供给型、需求型、激励型和保障型四类政策均涉及。因此,各区域、各省份应结合各自经济、人口、文化等因素的实际情况,科学制定四类政策,加大弱势政策的扶持力度,为各省份及全国发展公共文化提供更快更好的政策保障。

从政策数量来看,各省份制定公共文化服务政策数量总体呈上升趋势,说明我国越来越重视公共文化的发展。其中,供给型政策数量最多,保障型政策数量次之,需求型政策数量最少,说明我国各省份主要是以政府主导进行公共文化服务建设与发展,需要加强多元参与、购买服务等需求型和激励型政策的制定,促进我国公共文化全面发展。

第一,加强公共文化的经济建设,为各省份发展公共文化提供坚实的基础保障。我国公共文化经济政策的颁布和实施鼓励社会力量参与公共文化建设,通过税收减免等优化公共文化发展环境(魏鹏举、戴俊骋,2016),努力促进我国整体公共文化的发展。如青海省构建文化建设财政保障机制(甘晓莹,2013),对文化事业繁荣发展、文化体制改革等具有重要的积极作用,从而促进其公共文化的发展。

第二,积极推动社会力量参与公共文化服务相关政策法规体系建设。其一，创新政府向社会力量购买服务的方式（方永恒、李今今，2020），如人员岗位、监督机制和招标平台等，必须考虑人民群众的文化诉求，努力实现公共文化产品和服务的精准有效供给。其二，鼓励社会力量参与文化志愿服务发展，如文化部在2012年组织全国文化志愿者边疆行和国家艺术院团志愿服务走进基层两项活动。其三，加强公共文化机构法人治理结构改革，如2017年文化和旅游部发布《关于深入推进公共文化机构法人治理结构改革的实施方案》，有利于优化公共文化发展的管理决策等。

第三，正确梳理公共文化服务政策制定过程中各主体的互动机制，平衡政策供给和各主体需求之间的矛盾（吕芳，2019）。公共文化服务政策制定者要从实际出发，充分考虑公众的需求，有效解决公众诉求与政策内容之间存在的矛盾，在适当场合和时间对公众的合理质疑有所回应，制定合理的、可持续的公共文化服务政策。

第四章　中国公共文化服务治理主体与客体的供需问题分析

　　公共文化服务是一项特殊的服务，这项服务的载体是具有多样性与多态性及不断发展变化的"文化"，服务的目的是既要提升民族精神与道德水准，给予国家前进的不朽动力，又要切实丰富国民的精神生活，给予百姓生活的勇气与健康的心灵。公共文化服务终端的操作人是公务员，公共文化服务接受端是由广大的个体合成的大众，两者之间形成供需关系（向勇、喻文益，2008），服务质量与满意度的评价者毫无疑问是公众。公共文化服务的内容为大众而制定，公共文化服务的形式取决于大众。

　　共性与个性，主要是指人民群众文化需求和满足人民群众文化需求的方式形式上的共性与个性。一个国家内部的文化既有共性也有个性，尤其是我们这么一个大国，不同地区、不同人群在文化传统、文化需求、消费习惯、消费条件上或多或少地存在着差异，有些甚至还很大。过去，我们在公共文化服务建设上对这个特性把握不够，在一些重大文化惠民工程建设和产品供给上，实行计划配置、统一供给，结果供给与需求未能有效对接，从而产生了公共文化服务领域的供需矛盾（祁述裕、曹伟，2015）。公共文化供需矛盾问题涉及本研究的治理主体与治理客体之间的影响机制。十九大报告对我国目前面临的主要矛盾做出了新判断，"人民日益增长的美好生活需要和不平衡不充分的发展之间的矛盾"，而体现在公共文化服务领域的矛盾之一就是供给非均等化问题。为此，推动公共文化服务供给均等化成为了其中的破解之道。地方政府作为基本公共文化服务的供给方显然不可替代，同时这也是其重要职能之一。而公共文化服务支出作为公共文化服务供给最直接的物质基础，成为最主要的考量标准，能够较好地反映政府公共文化服务供给的程度与水平，同时地区间经济发展水平、财政能力、资源禀赋等因素的差异也会造成公共文化服务供给程度的差异（刘淑萍等，2019）。各省份公共文化服务供给规模与其人口规模、GDP 和财政支出存在显著错配（刘淑萍等，2019）。

公共文化服务供给与人民群众需求相适应是满足人民基本文化需求、提升人民获得感的重要内容。2015 年，中共中央办公厅、国务院办公厅印发《关于加快构建现代公共文化服务体系的意见》，提出公共文化服务体系建设要与当前经济社会发展水平和人民群众日益增长的精神文化需求相适应；2016 年，以满足公民基本文化需求为目标的《中华人民共和国公共文化服务保障法》正式出台。可见，完善公共文化服务体系，深化文化体制改革，是满足人民群众基本文化需求的根本路径，也是实现公共文化服务均等化的必要条件。

一　研究设计

（一）研究目标

当前，在经济方面坚持供给侧结构性改革的背景下，公共文化服务领域供需矛盾日益突出，我国东中西部地区之间、城乡之间、区域之间发展不平衡、财政资源分配不均衡等问题已成为阻碍推进现代公共文化服务体系供给建设的"瓶颈"。公共文化服务供给侧改革的目标是优化公共文化资源的配置，提高公共文化服务供给效率与质量。因此，本章节试图通过构建理论分析框架，厘清目前我国省级层面公共文化服务供需矛盾现状，并加以实证数据对目前已有的供需矛盾进行佐证，从公共文化服务治理主体政府供给和公共文化服务治理客体群众需求两个角度对公共文化服务建设提供理论基础和政策建议，最终促进国家公共文化服务高质量发展目标的实现。

（二）分析框架

近年来，随着文化的繁荣发展，公民的精神文化生活得到了较大改善，但是从整体来看，仍然存在公共文化服务供需失衡、供需错位等问题。以整体性视角看待公共文化服务提供，不仅解决了公共文化服务供给侧与需求侧"一体两面"的统筹难题，也弥补了公共文化服务供需理论视角的缺失。因此，本研究尝试从整体性治理理论出发，将公共文化服务供需矛盾划分为宏观、中观、微观层面，构建公共文化服务供需的整体性框架。

本章节对已有的公共文化服务供需研究进行了梳理。首先，关于公共文化服务供给主体与需求客体的研究：张筱强等认为各级政府在保障人民基本的文化权益中负有重要责任（张筱强、陈宇飞，2008）；政府满足的是社会公共需要而不是私人个别需要，所以公共文化服务的提供主要以公共权力而非利益交换为依托，即主要由政府承担，而非市场机制（廖章庭，2011）。杨刚认为单一的行政力量控制公共文化服务建设，必然导致公共文化服务供给过剩或供给无效（杨刚，2018）。将关注焦点转向公共文化服务供给客体，即从人民群众需求意识（张敏敏、黄晓丽，2016）、需求表达途径和回应机制（张青，2017）、公民评价（周鸿雁，2016）、需求的代际差异（颜玉凡、叶南客，2016）的角度出发，研究公共文化服务供给的碎片化和同质化（陈建，2017a），其中公民话语表达能力比较低、话语渠道堵塞不通畅是导致农村居民话语权利不充分及话语权力太微弱的主要原因（李金龙、刘巧兰，2018）。有研究认为当前公共文化服务的供需整体失调（杨林，2017），尤其是农村基本公共文化服务供给与需求存在总量和结构性双重失衡（马雪松、杨楠，2016），需要加强公共文化服务供需的协调。其次，关于公共文化服务供给手段的研究：余波等人认为"三馆一站"主要依靠传统文献信息检索服务实现供给，已不能满足人民群众日益增长的信息需求，在诸多方面都需要通过数字化建设加以改进（余波等，2018）；姜雯昱等也认为以数字化方式能够有效促进基本公共文化服务均等化的发展（肖希明、完颜邓邓，2016），同时提高数字化需求采集和预测技术的使用率、普及率（姜雯昱、曹俊文，2018）。邹慧君认为利用互联网、智能手机等新兴传播手段，探索"数字化""菜单式"的文化服务模式，能够切实提升乡村公共文化服务效能（邹慧君，2018）；张海涛认为实现公共文化服务数字化供给还需要打造与之相对应的数字化人才队伍，且为工作人员提供数字化技术培训（张海涛，2018）。最后，关于公共文化服务供给与需求的环境研究：杨秀云等认为地区经济发展水平和城市化程度反映居民需求，地方政府的重视程度则反映公共文化服务供给的投入力度，政府的管理体制和机制在很大程度上影响着供给力度（杨秀云等，2016；赵迎芳，2016）；由于公共文化服务供给受到不同的财政分权度量指标的影响，因此政策环境、经费投入和人才队伍偏差导致了区域性供给差异（安彦林、李齐云，2017；夏明春、王云娣，2017）。杨林等认为城乡文化事业费总体规模的相对差距、"一刀切"式的财政配置平均化严重影响城乡统筹发展，导致公共文化服务总体供给不均等（陈旭佳，2016；杨林、王璐，2017）。此外，滕翠华等将户籍制度变革、人口流动作为实现公共文化服务均等化的重要内容（滕翠华、许可，2016）。

上述理论综述为本章节的研究提供了重要的参考价值，但是目前有关公共文化服务供需矛盾的研究多集中于描述性和逻辑性的分析，缺乏系统性的梳理；另外，基于数据验证的供需矛盾实证研究尚有空白。本研究将以整体性治理理论为基础，将公共文化服务供需矛盾分为宏观、中观和微观三个层面。宏观层面的供需矛盾主要表现为结构性差异，中观层面表现为区域差异和城乡差异，微观层面表现为利益相关者差异（见图4-1）。通过分析框架的构建，为接下来的实证分析做好理论基础，利用数据验证发现问题，并为国家最终实现公共文化服务的有效供给提供建议。

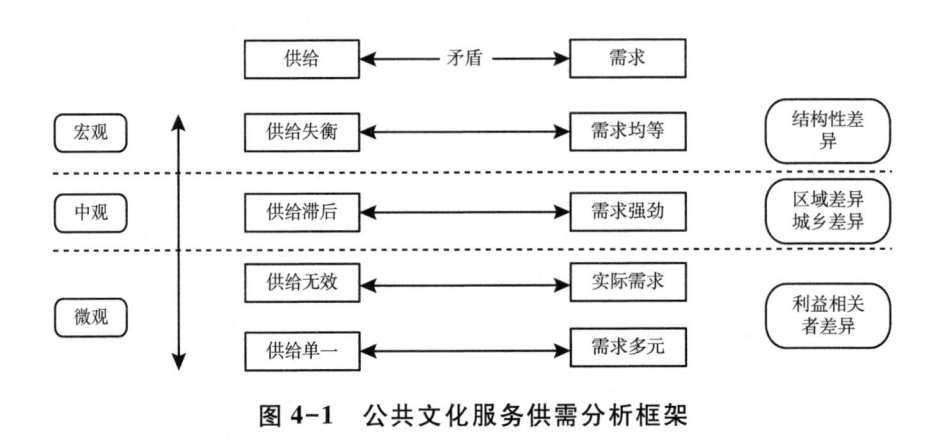

```
                    供给  ←— 矛盾 —→  需求

宏观              供给失衡           需求均等         结构性差异
--------------------------------------------------------------
中观              供给滞后           需求强劲         区域差异
                                                    城乡差异
--------------------------------------------------------------
微观              供给无效           实际需求         利益相关
                  供给单一           需求多元         者差异
```

图4-1　公共文化服务供需分析框架

1. 宏观层面供需矛盾

党的十九大报告提出："当前我国社会主要矛盾已转变为人民日益增长的美好生活需要和不平衡不充分的发展之间的矛盾。"公共文化服务作为"美好生活需要"的重要组成部分，具有基础性、公共性与开放性的特点，当前迫切的精神文化需求并没有带来与之相应的公共文化服务供给理念与方式的转变。在宏观层面，国家在供给方面仍然是以均等化为目标，没有体现差异性。无论是供给驱动还是需求引导，都存在难以克服的缺陷，从而导致公共文化服务供给的结构性失衡（闫小斌等，2018）。

2. 中观层面供需矛盾

一方面，公共文化服务作为基本公共服务的重要内容，应具有不区分民族、地域的均等性。我国幅员辽阔，因地域分布差异产生的东中西部经济发展差距，也致使公共文化服务发展水平的失衡。另一方面，城乡二元结构导致公共文化服务供给存在城乡差异，城乡之间的公共文化服务互动与输出差距越来越大。

3. 微观层面供需矛盾

供需失衡的矛盾背后实质是供需主客体的"缺位",由于缺乏与政府服务性权力性交织的强有力竞争者,政府作为主要供给主体往往以自身偏好设置公共服务的管理方式和制度设计,投入成本高、所获效益低(庆海涛,2018)。人民需求内容与供给不相符导致需求客体的空缺,最典型的就是基层政府所追求的"政绩工程"——农家书屋(廖晓明、徐海晴,2019),在一定程度上反映了人们自愿放弃本享有的文化权利和公共文化服务的参与权。

上述分析框架指出,我国省级层面的公共文化服务存在宏观和微观矛盾相互交织的问题。主要表现在:一是宏观忽略环境,未将社会经济发展状况和人民生活水平纳入考虑范围;二是微观忽略客体,供给内容未贴近人民群众,忽略供给对象的需求。宏观的忽略直接造成微观供给的失败,微观的忽略抑制了宏观的发展,迫切需求的以数据信息为代表的公共文化服务供不应求,普遍满足或滞后需求的公共文化服务却供过于求。因此,从整体性治理理论的多层次角度出发,应做到以下两点:一是要从宏观层面关注当前经济发展水平背景下与之相适应的公共文化服务需要,创新供给方式;二是要从中观和微观层面关注不同地区、不同人群、不同教育背景等群体对公共文化服务供给的要求,将实际需求与供给内容和方式有效对接。

(三)研究方法

本章节的数据来源主要是从原文化部、国家统计局获取的国家宏观层面 2014~2017 年的统计年鉴,收集了 31 个省级层面的面板数据。具体数据来源包括:《中国文化文物统计年鉴》(原文化部)、《中国文化及相关产业统计年鉴》(国家统计局)、《中国统计年鉴》(国家统计局)。

在方差分析中,原假设描述的是在自变量的各分类中,因变量的值相等。相反，备择假设认为因变量的值因自变量类型的不同而不同。因此，原假设和备择假设分别是：

$$H_0: \mu_1 = \mu_2 = \mu_3 = \mu_4 = \mu_n$$
$$H_a: \mu_1, \mu_2, \mu_3, \mu_4, \cdots, \mu_n（至少有两个不相等）$$

只要有两个总体均值不相等，即可拒绝 H_0；拒绝 H_0 并不一定意味着所有均值都不等。

回归是研究变量与变量间关系的一种手段，通过回归方程表达变量与变量在数量上的依存关系。设有两个变量 x、y，变量 y 的取值随 x 取值的变化而变化，记因变量为 y，自变量为 $x_1, x_2, \cdots, x_m$ 的多重回归，则 y 与自变量等式 $x_1, x_2, \cdots, x_m$ 有如下线性关系：

$$y = \beta_0 + \beta_1 \times x_1 + \beta_2 \times x_2 + \cdots + \beta_n \times x_m$$

判断 x 与 y 间是否有线性相关关系，还须对 $\rho = 0$ 进行假设检验，即：

$$t = \frac{r}{\sqrt{\frac{1-r^2}{n-2}}}$$

（四）变量设置

本章节主要涉及供给、需求和环境要素，在选取变量设置时，本研究力图全面反映公共文化服务供给与需求矛盾。供给变量选取人均文化事业费反映财政投入力度，选取群众文化机构数以及"三馆一站"机构数反映公共文化服务供给的均等性，选取乡镇提供文化服务次数、群众文化机构组织文化活动次数反映公共文化服务供给的频度与常态化表现。需求变量选取居民人均消费支出、城镇居民人均消费支出、农村居民人均消费支出反映城乡居民基本生活差异，选取文化部门收入反映居民购买文化服务和产品的消费所得，选取公共图书馆总流通人数、乡镇文化服务惠及人数反映公民对基本公共文化服务的需求度与享受度显现。具体的变量如表4-1所示。

表4-1 变量的描述性统计

	变量	均值	标准差
供给变量(S)	人均文化事业费(元)	66.21	43.58
	公共图书馆机构数(个)	101.38	46.36
	群众文化机构数(个)	1432.96	892.36
	文化馆机构数(个)	107.08	51.20
	文化站机构数(个)	1325.95	848.13
	博物馆机构数(个)	31350.29	23141.1
	乡镇提供文化服务次数(次)	131.66	91.80
	群众文化机构组织文化活动次数(次)	38443.53	80456.48
需求变量(D)	居民人均消费支出(元)	1808.17	716.22
	城镇居民人均消费支出(元)	2387.78	702.01
	农村居民人均消费支出(元)	1019.19	281.68
	文化部门收入(千元)	3934187	2783631
	公共图书馆总流通人数(万人次)	2021.35	2143.92
	乡镇文化服务惠及人数(万人次)	830.56	842.43

二 实证分析结果

(一) 供不应求：供给滞后性与需求迫切性的对立

随着发展型、享受型的消费需求呈现强劲增长的态势，公共文化服务的消费水平和期望也随之提升（李海娟、顾建光，2017）。可见，居民人均消费支出是公共文化服务需求层面的重要指标。人均文化事业费是来源于国家财政的用于发展社会文化事业的对每个人的平均经费支出，可将其理解为基本公共文化服务的供给。因此，运用单因素方差分析方法，分别以居民人均消费支出（公共文化服务的需求）、人均文化事业费（公共文化服务的供给）为因变量，年份（2014~2017年）为自变量，探析居民人均消费支出、人均文化事业费随着年份产生的变化。

1. 消费需求的迫切性

2014~2017年的居民人均消费支出变化情况分析如表4-2、表4-3所示。欲分析四年来居民在人均消费支出上有无差异，原假设为四年来居民人均消费支出无显著性差异，备择假设为四年来居民人均消费支出有显著性差异。从表4-2可以看出，P值为0.0173，因此，在90%的置信水平上，我们拒绝原假设，也就是说，随着年份的变化居民人均消费支出存在显著差异。从表4-3可以看出，2014年与2017年的居民人均消费支出变化是显著的（P=0.028），根据Scheffe的多重比较检验，年份的变化对居民人均消费支出（需求）呈现显著性影响，也就是说居民人均消费支出从2014年到2017年呈现显著变化。

表4-2 单因素方差分析结果（需求方面）

	平方和	DF	均方	F	P值
组间	5102223.6	3	1700741.2	3.52	0.0173
组内	57993964.7	120	483283.039		
χ^2 值	0.582				

表4-3 2014~2017年随年份变化居民人均消费支出情况

年份	2014	2015	2016
2015	182.603 (0.785)		
2016	374.168 (0.219)	191.565 (0.759)	
2017	540.694 (0.028)	358.09 (0.255)	166.526 (0.828)

注：括号外数值表示系数，括号内数值表示P值。

2. 供给的滞后性

2014~2017年的人均文化事业费情况分析如表4-4所示。原假设为四年来人均文化事业费无显著性差异，备择假设为四年来人均文化事业费有显著性差异。从表4-4可以看出，P值为0.1229，因此，年份变化对人均文化事业费没有显著性影响。

表4-4 单因素方差分析结果（供给方面）

	平方和	DF	均方	F	P值
组间	10937.5944	3	3645.8648	1.96	0.1229
组内	222689.207	120	1855.74339		
χ^2值	0.190					

综上所述，在需求方面，居民人均消费支出随时间变化显著；在供给方面，人均文化事业费随时间缺乏显著变化，说明在人均文化事业费未实现相应增长的情况下群众需求却在显著变化，从而出现了公共文化服务"供不应求"的冲突现象。这是因为我国社会主要矛盾已经转化为人民日益增长的美好生活需要和不平衡不充分的发展之间的矛盾，人们对物质生活提出更高要求的同时，对精神文化的需求也日益增长，尤其是文化产品和文化服务支出越来越多元。

（二）供需错位：城市与农村、东部与西部的区域偏差

对于公共文化服务地域性的不均衡发展问题，分别以东中西部的城镇、农村居民人均消费支出作为公共文化服务需求层面的重要指标。运用单因素方差分析方法，分别以城镇、农村居民人均消费支出（公共文化服务的需求）为因变量，以地域（东中西部）为自变量，探析城镇、农村居民人均消费支出是否随着地域产生变化。

1. 城市与农村的需求差异

农村地区：西部地区的农村公共文化需求最低。东中西部地区农村居民人均消费支出情况如表4-5、表4-6所示。原假设为随地域变化农村居民人均消费支出无显著性差异，备择假设为随地域变化农村居民人均消费支出具有显著性差异。从表4-5可以看出，P值为0.0000，因此，地域变化对农村居民人均消费支出呈现出显著影响，也就是说明农村群众的需求会随着地域的变化而变化。从表4-6可以看出，西部地区农村居民人均消费支出显著低于中部地区（系数为-249.254，P值为0.000）和东部地区（系数为-198.108，P值为0.005）。Scheffe的多重比较检验，再一次印证了农村群众需求具有显著的地域差异，且西部地区的农村公共文化需求最低。

表4-5　单因素方差分析结果（农村居民需求）

	平方和	DF	均方	F	P值
组间	1574034.2	2	787017.1	11.63	0.0000
组内	8185327.55	121	67647.3352		
χ^2值	0.014				

表4-6　随地域变化农村居民人均消费支出情况

	东部	中部
中部	-51.146 (0.700)	
西部	-249.254 (0.000)	-198.108 (0.005)

注：括号外数值为系数，括号内数值为P值。

城镇地区：东部地区的城镇公共文化需求最高。东中西部地区城镇居民人均消费支出情况如表4-7、表4-8所示。原假设为随地域变化城镇居民人均消费支出无显著性差异，备择假设为随地域变化城镇居民人均消费支出具有显著性差异。从表4-7可以看出，P值为0.0000，因此，地域变化对城镇居民人均消费支出呈现出显著影响。从表4-8可以看出，中部地区（系数为-597.388，P值为

0.000）和西部地区（系数为-735.988，P值为0.000）城镇居民人均消费支出显著低于东部地区。根据Scheffe的多重比较检验，城镇群众需求具有显著的地域差异，且东部地区的城镇公共文化需求最高。

表4-7 单因素方差分析结果（城镇居民需求）

	平方和	DF	均方	F	P值
组间	13516171.3	2	6758085.66	17.36	0.0000
组内	47101099.4	121	389265.284		
χ^2 值	0.000				

表4-8 随地域变化城镇居民人均消费支出情况

	东部	中部
中部	-597.388 （0.000）	
西部	-735.988 （0.000）	-138.6 （0.624）

注：括号外数值为系数，括号内数值为P值。

综上所述，农村和城镇的东部、中部与西部之间居民人均消费支出变化显著，共同追求多元性、高质量的文化产品和服务，而实际上，公共文化服务资源、文化事业费的不均等在东中西部之间、城乡之间较显著，尤其是西部的农村地区发展较为落后。因此，公共文化服务在城乡之间、东中西部之间供给的不平衡与人人平等享有公共文化服务权利的需求产生矛盾。

2. 需求地域差异性与供给的无效性

在分析完需求后再来看供给的地域差异，公共文化供给随地域变化并未有显著差异，这和上述群众需求的地域差异存在矛盾。在表4-9供给需求模型中，模型1以公共图书馆机构数为供给变量，以公共图书馆总流通人数为需求变量进行回归分析，可以看出公共图书馆机构数的整体模型不显著，这是由于我国致力于实现基本公

表 4–9　供给需求模型

	模型 1		模型 2		模型 3	
	公共图书馆机构数（个）	公共图书馆总流通人数（万人次）	乡镇提供文化服务次数（次）	乡镇文化服务惠及人数（万人次）	人均文化事业费（元）	文化部门收入（千元）
	供给	需求	供给	需求	供给	需求
地域	4.152 (4.861)	−1313.346 (189.407)***	−5014.165 (2249.74)*	−218.466 (84.418)**	0.758 (4.475)	−1378177 (256604.6)***
年份	0.519 (3.742)	228.468 (145.821)+	6860.026 (1732.031)***	154.229 (64.991)*	8.396 (3.445)**	548382.3 (197554.8)**
调整后的 R^2	−0.0103	0.2829***	0.1317***	0.0775**	0.0470+	0.2193***
N	124	124	124	124	124	124

	模型 4					
	文化馆机构数（个）	博物馆机构数（个）	文化站机构数（个）	群众文化机构数（个）	居民人均消费支出（元）	城镇居民人均消费支出（元）	农村居民人均消费支出（元）
	供给				需求		
地域	5.645 (5.361)	−19.665 (9.398)*	130.413 (88.423)	136.552 (93.042)	−452.328 (59.384)***	−365.416 (60.344)***	−125.453 (24.528)***
年份	0.168 (4.127)	11.129 (7.235)	1.794 (68.075)	1.177 (71.631)	181.365 (45.718)***	225.3394 (46.458)***	102.417 (18.883)***
调整后的 R^2	−0.0073	0.0371+	0.0014	0.0013	0.3684***	0.3212***	0.3034***
N	124	124	124	124	124	124	124

注：*** 表示 $p<0.001$，** 表示 $p<0.01$，* 表示 $p<0.05$，+ 表示 $p<0.1$；括号内为标准差。

共文化服务均等化，但随地域的变化公共图书馆总流通人数具有显著性差异，可见东中西部对图书馆的要求具有差异性。但是，模型2以乡镇提供文化服务次数为供给变量，以乡镇文化服务惠及人数为需求变量，两个变量的模型都较为显著，且供给模型更为显著，这是因为基层提供公共文化服务具有灵活性、多样性，但是提供的文化服务内容并非村民所偏好的，导致乡镇文化服务惠及人数较低。

（三）供需失效：单一供给与多元需求的矛盾

1. 主体的单一性与客体的多样性

现在绝大多数公共文化机构，主要供给和服务方式是自产自销，机构是责任主体和执行主体，也是供给主体。所以，文图博美领域相当多的机构在不断培育自身产能，即供给能力，这是机构发展的第一诉求。无论是硬件设施建设，还是软件配套，目的都是提高自身的供给能力，依托于自身的资源、资金、技术来实现，是个闭环结构。近年来，国家推出政府购买服务，政府代购配置也构成了公共文化服务供给重要方式。当地方自身生产能力不足、供给能力不足、供给品类比较单一时，就会越来越多地向政府释放出希望政府定制采购的诉求。因此，就形成了从两办文件到《中华人民共和国公共文化服务保障法》提出国家确立指导标准、地方制定实施标准、公共文化服务机构确立实施目录等一系列举措，以此实现按照服务清单来供给。政府采购成为很重要的一个供给侧改革方式。

从公共文化服务的供给主体——"三馆一站"来看，地域和年份对其均没有显著影响，说明主体供给的单一性。模型1、模型4是以公共图书馆机构数、文化馆机构数、博物馆机构数、文化站机构数、群众文化机构数为供给变量对地域、年份进行回归。结果显示，地域与年份对"三馆一站"和群众文化机构数均无显著影响，其中，博物馆机构数与地域呈负相关（系数为-19.665）。从公共文化服务的客体需求来看，地域和年份对其均产生了显著影响，说明了客体需求的多样性。模型4是以居民人均消费支出、城镇居民人均消费支出、农村居民人均消费支出为需求变量对地域、年份进行回归。结果显示，地域与年份对居民人均消费支出、城镇居民人均消费支出、农村居民人均消费支出和艺术表演场馆均有显著影响。

"三馆一站"的建设和维护以政府财政支出为主，供给面向城乡、东中西部居民。随着居民文化消费支出的多样性，其对数字化、高质量公共文化服务的需求量不断增长，但公共文化服务供给只是简单停留在"三馆一站"的建设中，供给内容与公民需求内容不对称，导致无效供给。

2. 方式的单一性与需求的多元性

政府供给公共文化服务偏向于行政主导，按照政府意愿供给公共文化服务具有单向性、强制性，在管理方式与制度设计方面注重从政府角度考虑供给的便捷性与效率化。公民追求多元化的公共文化服务，尤其是艺术馆和表演场馆等较高层次的公共文化服务，但由于政府供给方式的不恰当带来的公民的"不在位""不到位"现象，部分公共文化服务出现物有人稀的情况。

三 结论与讨论

本章节研究发现，我国公共文化服务的供需矛盾存在东中西部与城乡地域之间的显著差异；我国政府的供给主体单一，并未对不同的供给客体进行区分供给，造成了各层面的供需矛盾。

首先是公共文化服务治理客体需求旺盛但是供给的总量相对滞后。从实证分析结果可以发现，随着社会经济的整体发展，人们对于文化的需求已经发生了改变，尤其是从文化消费的角度出发，不仅仅体现在量上，更体现在质上。这也表明十九大以来我国社会主要矛盾已经发生了质的改变。

其次是东部城镇地区的需求最高，西部农村地区的需求最低。

公共文化服务本身具有的属性决定了政府主要提供基本的公共文化服务。但是从实证数据来看，群众的需求是具有地域差异的，且十分显著。公共文化服务的均等化在一定程度上与实际需求产生了矛盾。

最后是公共文化服务治理主体需要多元化。党的十九届四中全会指出，要推进国家治理体系和治理能力现代化，公共文化服务作为典型的公共管理问题，需要多元主体的参与治理。我国目前已有的公共文化服务供给主要从"三馆一站"出发，这与群众本身的多元文化需求就存在基本矛盾。

从根本意义上说，公共文化服务领域的供求矛盾是公共文化服务供给难以满足人民群众现实需求的问题，供需契合度较低。因此，需要在宏观层面缩小公共文化服务供给与需求的区域差异和城乡差异，在中观层面调整、优化结构性差异，微观层面满足不同利益相关者的文化需求。

第五章 中国公共文化服务的治理环境对绩效的影响分析

公共文化服务建设具有公益性("三馆一站")、便利性(绩效)、均等性(覆盖面)、基本性(服务内容)的特性,和文化产业不同的是,政府需要在公共文化服务建设过程中更多地考虑社会效益。因此,本章节主要对省级公共文化服务绩效进行研究,厘清目前我国省级公共文化服务绩效的现状,剖析影响公共文化服务绩效的各种因素,为后面的构建省级公共文化服务体系评价指标体系打好理论基础。

按照十六大的部署,我们把文化单位区分为提供公共文化服务、满足人民群众基本公共文化需求的公益性文化事业单位,和满足广大群众多样性、多方面、多层次需求的经营性文化单位。对于公益性文化事业,以政府为主导,注重公益性、基本性、均等性和便利性的要求,由政府投资提供有关的服务。对于经营性文化产业,以市场为主导,满足人民群众多元化、多方面的需求,推动文化体制改革。

公共文化服务是我国公共服务的重要组成部分,也是我国文化建设的工作重点,发展好公共文化服务是中国特色社会主义文化建设的重要任务。2005年,党的十六届五中全会首次提出"公共文化服务"的概念。党的十八届三中全会明确提出"构建现代公共文化服务体系"。党的十九大报告指出,新时代我国社会主要矛盾是人民日益增长的美好生活需要和不平衡不充分的发展之间的矛盾,同时强调要完善公共文化服务体系,深入实施文化惠民工程,丰富群众性文化活动。公共文化服务的良好发展有利于满足人民日益增长的美好生活需要，也是解决我国社会主要矛盾的有效途径。十九届四中全会强调要完善城乡公共文化服务体系，鼓励社会力量参与公共文化服务体系建设。由此可见，公共文化服务及其体系的建设和发展已然上升到国家战略的高度。

近年来，我国十分重视公共文化服务的建设并取得了丰硕成效，如不断完善相关法律法规，在全国免费开放"三馆一站"，全面开展"农村书屋"的建设，开展丰富文化活动，推行公共文化设施总分馆制，加大公共文化服务的财政投入力度，加强城市和农村公共文化服务同步建设，从而改善公共文化基础设施，刺激文化市场的消费，促进我国公共文化服务的大发展、大繁荣。各省份也不断加强公共文化服务建设，积极投入财力、人力、物力，制定公共文化发展的具体实施意见，不断优化公共文化服务发展环境，开展线上线下相结合的公共文化服务活动，重视人民群众的文化诉求，加强公共文化服务新基建，促进公共文化服务与科技的深度融合，这些都为各省份公共文化全面发展奠定了坚实基础。

现阶段，我国积极推进国家治理体系和治理能力现代化，文化治理体系和治理能力的现代化必不可少。随着社会经济和科技的发展，现代文化治理思想不断融入文化建设实践之中，不断改变着公共文化服务的治理环境，从而影响着公共文化服务的治理绩效。公共文化服务的发展和现代公共文化服务体系的构建必须要适应时代的变化，实现公共文化服务在全国范围内的基本化和均等化，为社会主义文化强国建设、中国特色社会主义文化道路发展提供强大支撑力。基于此，本研究从省级层面出发，研究我国公共文化服务治理环境对绩效的影响，探析经济、政策、文化和人口环境对公共文化服务公益性、便利性、基本性和均等性的影响机制，为优化我国公共文化服务治理环境、提高我国公共文化服务绩效提供理论依据。通过将我国公共文化服务的治理环境分成经济、政策、文化、人口四个维度与治理绩效进行研究，明确我国公共文化服务的治理环境对治理绩效的影响路径，发现我国公共文化服务治理环境的优势和劣势，从而为优化我国公共文化服务的治理环境提出针对性的举措。

一　研究设计

（一）研究目标

通过对国内外的文献进行研究，我们发现从国家层面研究公共文化服务治理环境与治理绩效之间的关系是一项较新的研究课题，本章的研究目的主要基于以下几点。

第一，厘清我国公共文化服务治理环境与治理绩效的发展现状。从宏观层面对国家公共文化服务治理环境与成效进行梳理。

第二，研究我国公共文化服务治理环境与治理绩效之间是否有明确的关系。

第三，研究我国公共文化服务治理环境对治理绩效产生影响的路径。分析公共文化服务发展所处区域的经济、人口、文化、政策与公共文化服务治理绩效（公益性、便利性、均等性、基本性）的影响关系，探寻二者之间的内在机制。

第四，探讨优化我国公共文化服务治理环境和提升我国公共文化服务治理绩效的方法和路径，并提出相应的公共政策建议。

（二）分析框架

十八届三中全会通过的《中共中央关于全面深化改革若干重大问题的决定》提出，经济体制改革核心问题是要处理好政府和市场的关系，使市场在资源配置中起决定性作用，同时要更好地发挥政府作用。这对构建现代公共文化服务体系具有很大的启发指导意义。尽管构建现代公共文化服务体系有自身的特殊要求，不能简单地套用和照搬对经济领域提出的要求，但是如何适应社会主义市场经济体制、处理好政府与市场的关系、更好地发挥市场与政府的作用，同样也是深化文化体制改革和构建现代公共文化服务体系绕不开、躲不过、拖不得的重大理论和现实问题。构建现代公共文化服务体系既要尊重和运用市场规律，又要更好地发挥政府的作用。从非基本公共文化服务来看，这类公共文化服务不属于基本公共服务范畴，除特殊的文化产品和文化服务外，应使市场在配置文化资源、调节文化供给、提升服务质量中起决定性作用。从基本公共文化服务来看，这类公共文化服务属于基本公共服务范畴，应由政府主导、财政保障，但其实现方式可以多种多样，可以在使政府发挥保基本、兜底线、管覆盖作用的基础上，引入市场力量和社会力量，依靠市场机制来实现基本公共文化服务的生产与供给，从而更好地发挥市场在基本公共文化服务供给中的职能。

1. 治理环境对治理绩效的影响分析

第一，经济因素对治理绩效的影响主要表现在经济发展是文化发展的基础。经济发展水平影响各省份公共文化服务的财政投入力度，直接影响公共文化服务的治理绩效。经济增长有利于促进我国各省份公共文化服务均等化、基本化发展。有学者认为经济发展水平影响公共图书馆的发展，国民经济发展直接影响图书馆经费总量（束漫，2007）。有研究认为经济发展水平显著影响农村公共文化服务财政支出的相对效率，且系数为负数，说明经济发展水平影响公共文化服务基本性的实现（姚林香、欧阳建勇，2018）。有研究运用超效率 DEA 模型研究中国省级公共文化服务供给效率的总体水平，实证结果显示人均地区生产总值对省级政府公共文化服务供给效率的影响很显著（韩军、刘学芝，2019）。

第二，政策因素对治理绩效的影响主要体现在公共文化服务政策是政府目前推动公共文化服务发展及其体系构建的重要抓手。在公共文化服务的发展过程中，政府作为主导者，制定公共文化服务发展政策和规划，为各省份公共文化服务提供科学的发展方向和理论依据。有学者将公共物品理论、外部性理论、内生增长理论和需求供给理论作为财政和税收政策介入公共文化服务体系建设的理论基础，并从财政直接投入力度、财政投入结构、转移支付力度、税收激励政策等方面促进公共文化服务体系的建设，从而合理安排文化事业财政拨款、图书馆购书经费等，以期促进公共文化服务的基本性（马海涛、龙军，2007）。有研究认为良好的公共文化服务政策为我国公共文化服务的发展提供了法律和制度保障（胡税根、李倩，2015）。也有研究认为公共文化经济政策是公共文化服务发展的重要保障（魏鹏举、戴俊骋，2016）。有学者指出文化政策对现代公共文化服务体系建设具有重要意义（傅才武、申念衢，2019）。

第三，文化因素对治理绩效的影响主要源于我国的区域文化差异。我国是一个历史悠久、文化底蕴深厚的文化大国，56个民族的文化各具特色，各地区之间的文化差异十分显著。"当前我国地区公共文化服务供给与文化差异下的公众需求存在明显的背离趋势"（宋英杰等，2019）。有学者认为城市文化的发展影响城市居民的综合素质和文化消费需求，从而影响图书馆的发展（束漫，2007）。有学者基于地区方言数据研究文化差异对公共文化服务供给的影响，结果表明文化需求多样化不利于公共文化服务的有效供给，文化差异显著影响南方地区公共文化服务的供给（宋英杰等，2019）。地域差异在一定程度上可以体现为不同省份的文化差异。有研究认为地理位置影响农村公共文化服务绩效不显著，说明我国农村公共文化服务财政投入的区域差异缩小，促进了基本公共文化服务的均等化（姚林香、欧阳建勇，2018）。有研究认为公共文化服务供给水平存在地域差异，东部、中部和西部地区之间仍存在公共文化服务资源配置的"鸿沟"（毛雁冰、韩玉，2015）。

第四，人口因素对治理绩效的影响主要源于公共文化服务对象主要是微观群众。随着我国社会经济的发展，人们由物质层面的追求逐渐转移到重视精神文化层面的需求，尤其在知识经济时代，公共文化服务的总需求不断上升，政府加强在公共文化服务领域的资金、技术和人才等要素投入，同时综合考虑各省份人口总数、人口密度和受教育水平等因素的影响，确保各省份更好地提升公共文化服务治理绩效。有学者运用DEA中的CRS模型对我国省级公共文化服务的政府供给效率进行了测算，并阐述了各地区公共文化服务政府供给效率的影响因素，研究表明人口密度对于公共文化服务政府供给效率有负面影响（申亮、王玉燕，2017）。王银梅等运用DEA-Tobit模型和Malmquist指数分析相结合的方法，对地方政府公共文化支出效率进行评估，实证结果表明人口密度对公共文化支出效率有微弱的正向影响，居民受教育程度与公共文化支出效率存在显著正相关（王银梅、朱耘婵，2015）。马玉霜和张爱萍运用DEA-Tobit模型对新疆公共文化服务财政绩效进行定量分析，研究结果表明受教育水平、人口密度和公共文化服务占一般公共支出比重呈不显著正相关关系（马玉霜、张爱萍，2019）。

2. 分析框架的构建

结合公共文化服务基本属性和相关文献，构建我国公共文化服务治理环境对治理绩效影响的概念模型，其中公共文化服务治理环境从经济、政策、文化和人口四个维度来衡量，公共文化服务治理绩效从基本性、均等性、公益性和便利性四个维度来衡量（见图5-1）。

在公共文化服务的治理环境方面，经济环境反映社会发展程度，通常可以用GDP、人均GDP来衡量，也决定了每个省份对公共文化服务资金的根本投入程度；政策环境反映公共政策支持力度，通常用出台的相关政策数量来衡量，省级公共文化服务政策出台数量可以反映政府对公共文化服务的重视程度；文化环境反映文化基本属性，不同区域的文化环境有不同的文化特点，东部地区、中部地区和西部地区拥有不同的文化属性，影响不同地区公共文化服务的发展；人口环境主要涉及人口数量和人口结构，能够分析群众对公共文化的需求。在公共文化服务的治理绩效方面，公共文化服务的基本性主要反映政府对公共文化的投入和保障程度；公共文化服务的均等性体现平均和平等，即各省份文化事业费用于公共文化建设，建设成果由各省份群众平均、平等享用；公共文化服务的公益性主要体现在建设"三馆一站"上，即各省份建设公共图书馆、美术馆、文化馆和乡镇综合文化站，保证群众充分免费体验公共文化服务活动和产品；公共文化服务的便利性体现了公众文化参与程度，也是检验各省份公共文化服务开展质量的有效要素。

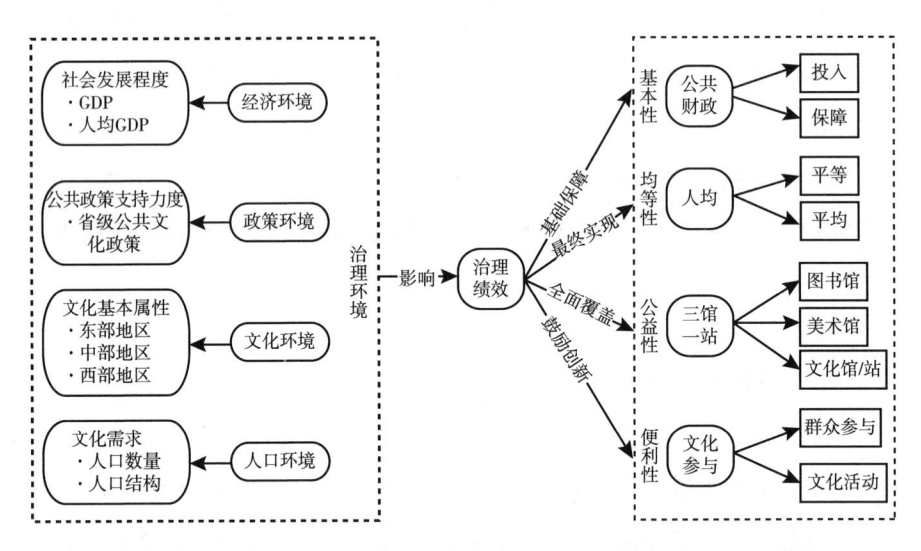

图 5-1 我国省级公共文化服务治理环境与治理绩效概念模型

我国公共文化服务的治理环境影响公共文化服务的发展方向、公共文化服务政策的落实，各省份对公共文化的财政投入、政策支持、设施建设影响各省份制定公共文化服务发展规划，各省份文化差异、人口特点影响各省份公共文化服务针对性和特色化发展。良好的公共文化服务治理环境有利于提高公共文化服务绩效，促进各省份公共文化健康发展，推动全国公共文化服务体系建设，最终实现文化强国。

（三）研究方法

本章运用多元线性回归方法，采用多元线性回归模型研究我国公共文化服务治理环境与治理绩效之间的关系，其中自变量 X 为公共文化服务治理环境，因变量 Y 为公共文化服务治理绩效，α 是常数项，β_1，$\cdots$，β_m 代表变量的回归系数，ε 代表误差项。

$$Y_{ij} = \alpha + \sum_{i=1}^{n} \sum_{j=1}^{m} \beta_i X_{ij} + \varepsilon$$

其中，$i=1，2，\cdots，n$；$j=1，2，\cdots，m$；X_{ij} 表示公共文化服务治理环境中第 i 个变量的第 j 个指标的实际值；Y_{ij} 表示公共文化服务治理绩效中第 i 个变量的第 j 个指标的实际值。

（四）变量设置

本章研究样本涉及全国31个省份，从省份层面出发，研究在不同经济、人口、文化和政策环境下各省份公共文化服务治理绩效的差异及原因。2015年中共中央办公厅、国务院办公厅印发《关于加快构建现代公共文化服务体系的意见》，指出近年我国各省份公共文化建设投入稳步增长，覆盖城乡的公共文化服务设施网络基本建成，公共文化服务效能明显提高，但公共文化服务建设与经济社会发展水平、人民群众日益增长的文化需求、公共文化服务体系的目标还存在差距，进而提出新形势下要进一步构建现代公共文化服务体系，保障公民文化权利，提高公共文化服务供给绩效。在此背景下，研究我国各省份公共文化服务治理环境与治理绩效之间的关系具有重要的理论和现实意义。基于国内外研究文献并结合公共文化服务和我国国情，本章对变量的选取与度量做如下说明。

1. 因变量

本章节的因变量为公共文化服务治理绩效，从公益性、基本性、均等性和便利性四个维度进行衡量（见表5-1）。

表 5-1　因变量说明

因变量	一级指标（划分维度）	二级指标（具体指标）
公共文化服务治理绩效 Y	公益性 Y_1	公共图书馆机构数 Y_{11}
		公共图书馆总藏量 Y_{12}
		群众文化机构数 Y_{13}
		文化馆机构数 Y_{14}
		文化站机构数 Y_{15}
		博物馆机构数 Y_{16}
		艺术表演团体数 Y_{17}
	便利性 Y_2	公共图书馆总流通人数 Y_{21}
		博物馆参观人数 Y_{22}
		群众文化机构组织文化活动次数 Y_{23}
		乡镇文化服务惠及人数 Y_{24}
	均等性 Y_3	居民人均文化娱乐消费支出 Y_{31}
		城镇居民人均文化娱乐消费支出 Y_{32}
		农村居民人均文化娱乐消费支出 Y_{33}
		人均文化事业费 Y_{34}
	基本性 Y_4	文化事业费 Y_{41}
		文化事业费占财政支出比重 Y_{42}
		群众文化机构财政拨款 Y_{43}
		公共图书馆财政拨款 Y_{44}

（1）公益性

公益性是指政府向人民群众提供的公共文化服务基本上是免费或者低于成本、收费很低的服务，体现政府满足人民群众基本文化需求的思想。人民群众的文化需求分为两部分：一部分是构成人民群众基本文化权益的基本文化需求，另一部分是多样化、多层次、多方面的文化需求。人民群众的基本文化需求由公益性文化事业满足，人民群众多样化、多层次、多方面的文化需求由文化产业满足。"三馆一站"即公共图书馆、美术馆、文化馆和乡镇综合文化站是政府设立的公益性文化事业单位，是开展公共文化服务的有效场所，是保障人民群众基本文化权益的主要阵地。因此，公益性指标包括公共图书馆机构数、公共图书馆总藏量、群众文化机构数、文化馆机构数、文化站机构数、博物馆机构数和艺术表演团体数。

（2）便利性

便利性是指公共文化服务场所要做到网点化，即在一定范围内要设置合理的公共文化活动场所，有利于群众就近参加，体现方便群众参与公共文化生活的思想。发展公益性文化事业、开展公共文化服务，必须以人民群众需要为出发点，综合考虑人民群众生活环境和习惯，努力使人民群众便于参与、乐于参与，减少公共文化服务设施搁置、资源浪费的现象。近年来，政府加强公共文化服务整体规划，依据服务群体的数量、分布等特点进行网络化布局，合理科学设置基础及配套设施的服务半径、覆盖面积，推动形成布局合理、区域协调、城乡一体、功能完备的公共文化服务体系，努力实现公共文化服务全覆盖，鼓励人民群众就近参与公共文化服务活动，将公益性文化事业便利性的特点落到实处。因此，便利性指标包括公共图书馆总流通人数、博物馆参观人数、群众文化机构组织文化活动次数和乡镇文化服务惠及人数。

（3）均等性

均等性是指政府向人民群众提供的公共文化服务是面向全体人民的，无论性别、年龄、民族、收入、地域等，所有公民都可以平等地享有、享受服务，体现人民群众平等享受公共文化服务的思想。近年来，各省份重视公共文化服务体系建设，增加公共文化设施资金投入，加强城乡公共文化服务网络化建设，增强各省份文化竞争力。同时，公共文化建设在城市和农村之间、东中西部地区之间等存在明显差异。基于此，政府在公共文化服务领域投入方面必须向农村基层、中西部地区、革命老区、民族地区、边疆地区和贫困地区倾斜，保障人民群众看电视、听广播、读书看报、进行公共文化鉴赏、参与公共文化活动等基本文化权益，努力实现这些地区公共文化服务均等化。因此，均等性指标从居民消费角度考虑，包括居民人均文化娱乐消费支出、城镇居民人均文化娱乐消费支出、农村居民人均文化娱乐消费支出和人均文化事业费。

（4）基本性

基本性是指政府向人民群众提供的是基本文化服务，并不是所有的文化服务，体现由政府主导提供基本公共文化服务的思想。党的十七大提出"使人民基本文化权益得到更好保障"，表明了我们党、政府对人民群众基本文化权益的高度重视。随着我国经济社会的发展，城乡居民物质生活水平不断提高，人民群众对精神文化生活的需求逐渐增多，人民群众的文化权益成为社会关注的热点之一。近年来，政府积极履行公共服务职能，增加公共文化服务领域的财政支持，制定公共文化服务领域相关发展规划、税收优惠等政策，加强各地公共文化基础设施建设，扶持公益性文化单位，发展公益性文化事业等。因此，基本性指标包括文化事业费、文化事业费占财政支出比重、群众文化机构财政拨款和公共图书馆财政拨款。

2. 自变量

Duncan（1972）认为环境是由组织外部的自然和社会要素组成的，会对组织的形成和未来发展产生不可忽视的作用，还进一步分析了环境系统的运行情况。也有研究将治理环境界定为"塑造和限制社会、政策和经济交易中的微观治理行为的宏观社会、政策和法律、经济等"（Li and Filer，2007）。基于此，本研究自变量为公共文化服务治理环境，从宏观角度出发，包括经济环境、人口环境、文化环境和政策环境，详细说明见表5-2。

表 5-2 自变量说明

自变量	一级指标（划分维度）	二级指标（具体指标）	
公共文化服务治理环境 X	经济环境 X_1	GDP X_{11}	
		人均 GDP X_{12}	
	政策环境 X_2	公共文化服务领域政策数 X_{21}	
	文化环境 X_3	地区文化 X_{31}（东部=0，中部=1，西部=2）	
	人口环境 X_4	总人数 X_{41}	
		城镇人数 X_{42}	
		农村人数 X_{43}	
		年龄结构	0~14 岁人数 X_{44}
			15~64 岁人数 X_{45}
			65 岁及以上人数 X_{46}
		文盲率 X_{47}	
		性别比 X_{48}	

（1）经济环境

各省份经济发展水平对公共文化服务发展有根本影响。一般而言，国内学者常选择反映经济总量、宏观经济运行状况、财政支出总量的指标来衡量国家或地区的经济环境，如国内生产总值、地区生产总值、人均国内生产总值、人均地区生产总值、财政支出等。

（2）政策环境

稳定的政策环境有利于我国公共文化的发展。发展公共文化服务、构建公共文化服务体系，须充分发挥政府主导作用，因地制宜制定公共文化服务发展政策，同时各省份文化部门积极配合实施公共文化发展规划和相关政策法规，促使各省份公共文化服务科学、系统发展。

（3）文化环境

不同省份有不同的文化资源、传统习俗、宗教信仰、风土人情等，这些都显著影响居民的生活习惯、行为规范、价值观念和思维方式等，使不同省份居民公共文化服务需求存在差异。在进行学术研究时，很难选取一个合适的变量来反映不同省份或不同区域的文化差异。

（4）人口环境

发展公共文化服务必须从人民群众的文化需求出发。不同省份有不同的人口分布情况、人口数量、居民受教育程度、居民婚姻状况等，这些都会影响各省份政府制定公共文化服务整体规划，影响公共文化服务服务半径和覆盖面积，从而影响各省份公共文化服务供给效能。

二　现状分析

党的十九大以来，我国经济实力不断增强、政治环境不断优化，各省份在公共文化服务领域的财政投入不断增加、基础设施建设网络不断完善，居民文化需求不断提高且趋于多元化、个性化发展，同时不断创新公共文化服务产品和活动，从而刺激文化市场消费，提高群众满意度和幸福感，促使我国公共文化服务的发展势头良好，发展成果显著且由人民共享。

（一）治理环境现状

1. 经济发展水平

近年来我国经济发展形势良好，各省份经济发展水平参差不齐，总体来说，沿海地区与中西部地区的经济处于共同快速成长阶段，东北地区和华北地区经济发展速度放缓。2020年我国决战脱贫攻坚取得决定性胜利。2020年国内生产总值和国民总收入都突破了100万亿元大关，经济增长速度高于2%，全国居民人均可支配收入已达3万多元，且我国外贸规模创历史新高，全年货物进出口总额高达30多万亿元；同时我国推动产业结构转型升级，大力发展人工智能、区块链等新技术催生新业态，加大环保力度，不断推动我国经济高质量发展。

从地区生产总值来看，2020年我国地区生产总值排名前五位的省份分别为广东省、江苏省、山东省、浙江省和河南省,其中排在第一位的广东省的地区生产总值为 11 万多亿元,排在第二位的江苏省的地区生产总值为 10 万多亿元。从地区经济增速来看,我国 21 个省份的地区生产总值增速超过全国平均水平,其中西藏自治区、贵州省和云南省的地区生产总值增速排在前三位,均在西部地区,说明我国西部地区经济发展态势良好。从地区人均可支配收入来看,城乡居民人均可支配收入有差距,城镇居民人均可支配收入为 4 万多元,农村居民人均可支配收入接近 2 万元,且农村居民可支配收入增速高于城镇,其中上海市、北京市、浙江省、天津市等 9 个省市年人均可支配收入高于全国平均数。

2. 政策支持力度

我国政府制定公共文化服务相关政策法规均是基于以人民为中心和服务均等化的理念,依据推进国家文化治理体系和治理能力现代化的要求,以实践为基础,切实保障人民群众的基本文化权益,指导各地公共文化服务建设,更好地为人民群众谋文化福祉。2006 年起,公共文化相关政策爆发式增长,我国先后颁布了《公共图书馆建设标准》《"公共电子阅览室建设计划"实施方案》《国家"十二五"时期文化改革发展规划纲要》《关于加快构建现代公共文化服务体系的意见》《中华人民共和国公共文化服务保障法》《关于推动公共文化服务高质量发展的意见》等政策,为公共文化服务的发展提供了强大法律保障。

2014 年,湖南省立法保护凤凰古城,鼓励设立民间文化博物馆,更好传承优秀民间文化艺术。2017 年,江苏省镇江市积极推动文化立法保护,出台《镇江市古籍保护办法》《镇江市非物质文化遗产项目代表性传承人条例》等,科学合理保护、传承镇江市优秀文化。浙江省高度重视公共文化服务的立法工作,强调立法要具有导向作用、预见作用,要与具体实践相联系。2021 年,四川省人大常委会审议并全票通过了《四川省公共文化服务保障条例》,明确规定了公共文化服务的基本原则、责任主体、供给措施、经费保障和监督管理等，结合当地群众需求和特色资源，推动四川公共文化服务特色化发展，提高四川公共文化服务发展质量，进一步保障全民共享。

3. 地区文化差异

东部地区经济发达，促进了比较开放的文化氛围的形成，推动了多元文化和谐共存局面的形成。东部地区在新闻、娱乐休闲、装备生产、内容创作和中介服务等传统文化领域发展有显著的有利条件，同时借助互联网技术，不断开发新兴数字文化产品和服务，发展网络文学、视频、音乐等数字文化产业，且越来越注重文化创意、创新，是促进国内公共文化服务高质量发展的重要基地和平台。

中部地区拥有丰富的历史文化资源，这是发展地域性公共文化服务的重要来源和精华。以井冈山为代表的江西红色文化，以佛教、黄河、关公为特色的山西晋文化，以爱国、尚武、务实为内涵的湖南湘楚文化等，都是中部地区进行文化建设的重要基础，也为中部地区公共文化服务的发展提供主要场所，推动公共文化服务地域特色化发展。

西部地区多民族聚集、景色独特、地形复杂，拥有独特的自然资源和文化资源，兵马俑、莫高窟等历史文化遗产和黄果树、九寨沟等自然风光为西部地区公共文化服务的个性化发展提供了充足的资源保障。乡村振兴战略和西部大开发战略的实施，为西部地区的文化建设提供了良好的发展环境，将西部地区独有的自然和文化资源转化为物质和精神动力，更好地推动西部地区公共文化服务的发展。

4. 群众文娱需求

找准群众的文化需求、提高公共文化服务供需的精准匹配度是政府加强公共文化建设的重要任务。现如今，群众不再只满足于读书看报、观看电视电影等基本文化需求，更加追求特色、个性的文化需求，比如VR沉浸式文化体验活动、公共图书馆亲子互动活动、美术馆"夜游季"主题活动、化身文化志愿者讲解活动等。因此，在加强公共图书馆、博物馆、文化活动中心等基础设施建设的同时，各省份要努力创造人民喜闻乐见的文化，创新服务和产品的供给方式，加强数字化建设，加快公共文化服务与旅游、体育、金融等领域的融合，激发群众创造活力，结合各地文化特色打造菜单式项目和订单式服务。

2010年，新疆维吾尔自治区投入15亿元财政资金实施广播电视户户通工程，努力满足全疆已通电城镇周边广大农村地区的群众收听收看高质量广播电视节目的需求。安徽省铜陵市大力发展图书馆事业，不断推进实践创新，形成了"图书馆+"的铜陵市图书馆事业发展模式，推出"十分钟城市阅读圈"等活动，满足群众阅读需求，不断完善铜陵市公共文化服务体系建设。2015年，北京市朝阳区构建四级公共文化服务网络，努力促进不同文化需求的群众进行广泛交流。2018年，江西省出台相关政策指出文化设施布局须综合考虑当地人口密度、结构、需求等，科学规划公共文化相关项目建设，推动江西省主城区和中心镇"公共文化服务圈"的形成，满足群众多样化文化需求。

（二）公共文化服务成效

1. 公共文化财政投入

公共文化财政投入是公共文化服务发展的根本要求。改革开放以来，国家不断加大对公共文化的投入，我国公共文化财政投入总量呈现稳步增长态势，促进了公共文化服务水平的不断提高。2019年，中央财政安排公共文化服务体系建设相关资金高达200多亿元。在文化事业费投入方面，东部地区文化事业费的投入总量最大且领先优势不断增强，西部地区文化事业费的投入总量增幅最快，由于国家政策的额外补贴和扶持，使西部地区文化事业费投入反超中部地区。

近年来，浙江省对公共文化财政投入一直十分重视，"十三五"

期间，全省一般公共预算安排文化支出累计978.69亿元，居全国前列。2018年，四川省财政厅针对公共文化服务建设下拨资金11亿元，主要用于公共文化设施建设、文化扶贫和公共文化服务活动的开展，确保全方位资源整合和资金的有效利用，有利于促进公共文化服务的均衡发展。2019年，陕西省下拨资金20亿元以支持公共文化服务的建设，其中有部分资金用于基本公共文化服务建设，有利于推动全省美术馆、体育场馆、公共图书馆、文化馆（站）等公益性文化设施向社会各界无偿提供相关服务。

2. 基础设施建设

据统计，2020年末全国文化和旅游系统共有艺术表演团体2072个，公共图书馆3203个，博物馆3510个，文化馆3327个，档案馆4234个。我国各省份也积极加大财政力度建设公共文化服务基础设施。2016~2018年，广西壮族自治区地方财政每年投入大量经费用于支持全区博物馆、纪念馆免费开放工作。2019年，山东省财政安排约2亿元资金用于支持乡村文化振兴，努力改善农村基层公共文化服务设施建设。2020年，广东省麻章区投资建设文化中心，包括新建文化馆、博物馆、图书馆、档案馆等综合式大楼。2020年，甘肃省平凉市博物馆建设项目顺利完成。2020年，陕西省财政安排大量资金帮助市县公共文化服务的全面建设和发展，涉及设施、人员等方面，努力推进基本公共文化服务标准化和均等化，主要向人口密集的公共文化设施等改造建设项目倾斜。

3. 文化活动开展

为了保障人民群众的基本文化权益、提高人民群众的幸福感和促进公共文化服务的发展，我国加强全国基层文化人才队伍的培训，鼓励社会开展丰富的文化活动，大力开展非遗物质文化遗产传承活动，积极组织全国广场舞展演活动，持续开展面向革命老区、边疆地区、民族地区等的"春雨工程""阳光工程"等一系列文化志愿服务活动，不断努力让公共文化服务惠及更多人、更多地区。

我国各省市也积极响应国家大力发展公共文化服务、构建现代公共文化服务体系的号召，陆续开展因时因地制宜的文化活动。北京市昌平区在"五一"小长假期间，推出线上文化活动9项，有主题讲座、少儿舞蹈培训、照片征集等。重庆市北碚区成立"领读者"志愿服务队，通过公共图书馆联合社会资源开展相关志愿服务活动，促进全民广泛阅读。广东省开展公共文化服务"三百工程"，向基层人民群众输送优质的文化演出。陕西省铜川市成立了市旅游服务中心便民书屋，不断提升铜川市公共文化服务覆盖率。

4. 文化消费情况

人民群众日益增长的精神文化需求是文化消费市场不断创新、不断发展的力量源泉。随着居民生活水平的提高和大众旅游的快速发展，人民群众在精神层面的需求越来越多样化、个性化，对文化产品和服务提出了更高更严格的要求，文化消费逐渐成为提升国民幸福感的重要途径。

《2021上半年全国文化消费数据报告》显示，文化消费主要呈现如下特征：第一，文化消费时常得到延长，且周末和夜间消费明显增加，城乡居民文化消费不断日常化，其中2021年上半年中国城乡居民文化消费体验时长为3~6小时的比重较低，2021年上半年夜间文化消费比重约占35%；第二，线上和线下文化消费场景渗透群众生活，丰富了居民文化生活，其中2021年上半年群众积极参与文化场馆云体验的比重约为一半以上，参与在线影视和视频直播的比重也较高，线下文化场馆和综合性文化服务中心也深受人民群众的喜欢；第三，文化体验有利于促进异地旅游和拉动旅游消费，调查显示2021年上半年受访者在旅游中打卡文艺小资目的地的比重高于参观文化场馆的比重，文化消费支出占旅游总花费的30%~60%的受访者占比最少。总之，文化消费呈现多样化发展趋势，丰富了人民群众的日常生活，有助于提高人民群众文化参与意愿，增强文化自信。

三 实证分析结果

(一) 变量的描述性统计

本章研究样本涉及全国31个省（自治区、直辖市），从省份层面出发，数据来源包括历年《中国统计年鉴》、《中国文化文物统计年鉴》、《中国文化及相关产业统计年鉴》和《中国文化和旅游年鉴》等，构成本章研究的面板数据是2015~2018年四年我国31个省、自治区、直辖市（未包括港、澳、台地区）的面板数据，共有124个样本。

1. 自变量

根据表5-3可以得出，从省级层面角度看，2015~2018年我国各省份经济、人口、文化和政策方面存在差异，其中各省份人均GDP、公共文化服务领域政策数、地区文化、文盲率和性别比差异相对较小，各省份总人数、城镇人数、农村人数差异次之，各省份GDP、0~14岁人数、15~64岁人数、65岁及以上人数差异非常显著。说明我国各省份经济发展形势良好，重视公共文化服务的发展，注重提高居民受教育程度，加强培养居民正确生育观；从整体来看，各省份经济实力和人口年龄结构差异极大，城乡人口分布不均，这些与各省份经济发展、地理位置等息息相关。

表5-3　2015~2018年自变量的描述性统计信息

变量		指标	平均数	标准差	样本量
公共文化服务治理环境	经济环境	人均GDP（万元/人）	5.8996	2.65884	124
		GDP（亿元）	26328.1081	21080.75050	124
	政策环境	公共文化服务领域政策数（部）	1.31	1.473	124
	文化环境	地区文化（东部=0，中部=1，西部=2）	1.03	0.864	124

续表

变量		指标	平均数	标准差	样本量
公共文化服务治理环境	人口环境	总人数(万人)	4464.19	2819.838	124
		城镇人数(万人)	2606.64	1712.667	124
		农村人数(万人)	1857.54	1257.509	124
		0~14岁人数(人)	32256.68	60880.667	124
		15~64岁人数(人)	145460.73	259487.967	124
		65岁及以上人数(人)	21155.47	38003.318	124
		文盲率(%)	6.2397	6.33399	124
		性别比	104.8896	4.06474	124

2. 因变量

根据表5-4可以得出，从省级层面角度看，2015~2018年我国各省份公共文化服务机构和团体数、群众参与公共文化服务活动情况、城乡居民人均文化娱乐消费支出、政府对公共文化服务财政投入等方面存在差异。其中，各省份文化事业费占财政支出比重、公共文化服务机构和团体数、城乡居民人均文化娱乐消费支出差异相对较小，说明各省份重视公共文化服务的发展，增强政府财政投入力度，公共文化服务基础设施建设良好，群众对公共文化服务的需求有所提高；各省份公共图书馆总藏量、公共图书馆总流通人数、博物馆参观人数、群众文化机构组织文化活动次数、文化事业费、群众文化机构财政拨款、公共图书馆财政拨款差异非常显著，说明各省份公共文化服务活动场馆规模和质量、群众参与公共文化服务活动情况差异较大，各省份政府对公共文化服务领域财政支持的侧重点不同，这些可能与各省份经济发展程度、文化消费习惯和需求、人口布局、公共文化服务发展情况有关。

表 5-4 2015~2018 年因变量的描述性统计信息

变量		指标	平均数	标准差	样本量
公共文化服务治理绩效	公益性	公共图书馆机构数（个）	101.86	46.614	124
		公共图书馆总藏量（万册/万件）	2902.04	2231.305	124
		文化馆机构数（个）	100.29	50.537	124
		文化站机构数（个）	1326.61	846.157	124
		博物馆机构数（个）	141.83	100.389	124
		艺术表演团体数（个）	450.71	504.112	124
		群众文化机构数（个）	1433.65	890.722	124
	便利性	公共图书馆总流通人数（万人次）	2254.00	2397.784	124
		博物馆参观人数（万人次）	2862.68	2198.042	124
		群众文化机构组织文化活动次数（次）	48463.54	35784.967	124
		乡镇文化服务惠及人数（万人次）	893.4915	880.42786	124
	均等性	居民人均文化娱乐消费支出（元）	1054.235	684.5827	124
		城镇居民人均文化娱乐消费支出（元）	1487.381	711.3283	124
		农村居民人均文化娱乐消费支出（元）	442.289	347.7882	124
		人均文化事业费（元）	72.8717	48.21711	124
	基本性	文化事业费（万元）	250018.93	158418.721	124
		文化事业费占财政支出比重	0.4523	0.10630	124
		群众文化机构财政拨款（万元）	73660.86	58535.420	124
		公共图书馆财政拨款（万元）	47322.43	38842.245	124

（二）回归模型分析

1. 公共文化服务的公益性

（1）公共图书馆机构数

根据表 5-5 可以得出，方程调整的 R^2 值为 0.801，说明模型的拟合度好；F 统计量为 46.095，显著性水平为 0.000，说明回归方程整体上显著，具有统计意义。GDP 的回归系数为 -0.001，人均 GDP 的回归系数为 -2.575，总人数的回归系数为 0.013，城镇人数的回归系数为 0.017，农村人数的回归系数为 0.022，性别比的回归系数为-1.245。从经济环境来看，GDP、人均GDP与公共图书馆机构数呈负相关。公共图书馆的建设数量是按照行政区划设置的，受各地经济发展水平影响小。从政策环境来看，公共文化服务领域的政策出台对公共图书馆机构数影响不显著。从文化环境来看，文化差异的影响也不显著。从人口环境来看，总人数、城镇人数、农村人数均与公共图书馆机构数呈正相关，性别比与公共图书馆机构数呈负相关。各省份政府在建设公共图书馆时，会考虑各省份人口数量，各省份人数增加时，对公共图书馆的需求就会增加，从而公共图书馆数量增加；性别比越小，说明女性占比越高，而女性对公共图书馆的需求多于男性，因此公共图书馆数量相对较多。

表5-5 公共图书馆机构数回归系数

模型		回归系数		T值	显著性
		系数	标准误		
经济环境	人均GDP	-2.575	1.514	-1.700	0.092*
	GDP	-0.001	0.000	-1.661	0.100*
政策环境	政策数	0.205	1.376	0.149	0.882
文化环境	中部(东部)	-8.963	6.525	-1.37	0.172
	西部(东部)	8.621	7.044	1.22	0.224
人口环境	总人数	0.013	0.001	13.595	0.000***
	城镇	0.017	0.007	2.254	0.026**
	农村	0.022	0.005	4.799	0.000***
	0~14岁	0.000	0.000	-1.569	0.119
	15~64岁	4.573E-5	0.000	0.912	0.364
	65岁及以上	0.000	0.000	-0.408	0.684
	文盲率	0.547	0.367	1.492	0.139
	性别比	-1.245	0.515	-2.417	0.017**
F统计量		46.095			0.000
调整后的R^2		0.801			

注：*、**、***分别表示在10%、5%、1%水平下显著。表中部分变量进行了简称，下同。

（2）公共图书馆总藏量

根据表 5-6 可以得出，方程调整的 R^2 值为 0.803，说明模型的拟合度好；F 统计量为 46.648，显著性水平为 0.000，说明回归方程整体上显著，具有统计意义。GDP 的回归系数为 0.060，总人数的回归系数为 0.493，城镇人数的回归系数为 0.621，农村人数的回归系数为 -0.590。从经济环境来看，GDP 与公共图书馆总藏量呈正相关，经济发展好的地区会更加注重公共图书数量和质量。从政策环境来看，公共文化服务领域的政策出台对公共图书馆总藏量影响不显著。从文化环境来看，文化差异的影响也不显著。从人口环境来看，总人数、城镇人数与公共图书馆总藏量呈正相关，农村人数与公共图书馆总藏量呈负相关。人数越多的省份对公共图书的需求越旺盛，因而公共图书馆总藏量会增加；农村人数多的省份，群众整体受教育程度相对较低，对公共图书的需求相对较小，因而公共图书数量有所减少。

表 5-6　公共图书馆总藏量回归系数

模型		回归系数		T 值	显著性
		系数	标准误		
经济环境	人均 GDP	114.168	72.140	1.583	0.116
	GDP	0.060	0.024	2.546	0.012**
政策环境	政策数	-26.060	65.565	-0.397	0.692
文化环境	中部(东部)	-58.480	326.337	-0.18	0.858
	西部(东部)	131.155	352.263	0.37	0.710
人口环境	总人数	0.493	0.056	8.791	0.000***
	城镇	0.621	0.355	1.747	0.083*
	农村	-0.590	0.223	-2.646	0.009***
	0~14 岁	-0.004	0.006	-0.721	0.473
	15~64 岁	-0.001	0.002	-0.457	0.649
	65 岁及以上	0.014	0.013	1.106	0.271
	文盲率	-6.018	17.472	-0.344	0.731
	性别比	14.512	24.547	0.591	0.556
F 统计量		46.648			0.000
调整后的 R^2		0.803			

注：*、**、*** 分别表示在 10%、5%、1% 水平下显著。

(3) 文化馆机构数

根据表 5-7 可以得出，方程调整的 R^2 值为 0.786，说明模型的拟合度好；F 统计量为 42.086，显著性水平为 0.000，说明回归方程整体上显著，具有统计意义。人均 GDP 的回归系数为 -3.105，政策数的回归系数为 3.114，总人数的回归系数为 0.014，农村人数的回归系数为 0.029，15~64 岁人数的回归系数为 9.525，性别比的回归系数为 -1.151。从经济环境来看，人均 GDP 与文化馆机构数呈负相关，GDP 的影响不显著。从政策环境来看，政策数与文化馆机构数呈正相关。各省份制定公共文化服务领域的政策，会加快其公共文化服务的科学、规模发展，对文化馆机构数的影响很显著。从文化环境来看，文化差异的影响依旧不显著。从人口环境来看，总人数、农村人数、15~64 岁人数与文化馆机构数呈正相关，性别比与文化馆机构数呈负相关。总人数和农村人数的增加会提高对公共文化服务的需求，各省份因地制宜增加文化馆机构，满足不同群体的公共文化需求，且目标对象主要是 15~64 岁的群众，同时女性对文化馆的需求大于男性。

表 5-7 文化馆机构数回归系数

模型		回归系数		T 值	显著性
		系数	标准误		
经济环境	人均 GDP	-3.105	1.704	-1.822	0.071*
	GDP	0.000	0.001	-0.629	0.531
政策环境	政策数	3.114	1.548	2.011	0.047**
文化环境	中部(东部)	0.280	7.523	0.04	0.97
	西部(东部)	4.141	8.121	0.51	0.611
人口环境	总人数	0.014	0.001	12.865	0.000***
	城镇	0.007	0.008	0.797	0.427
	农村	0.029	0.005	5.531	0.000***

续表

模型		回归系数		T 值	显著性
		系数	标准误		
人口环境	0~14 岁	0.000	0.000	−0.945	0.347
	15~64 岁	9.525	0.000	1.688	0.094*
	65 岁及以上	0.000	0.000	−1.471	0.144
	文盲率	0.042	0.413	0.102	0.919
	性别比	−1.151	0.580	−1.985	0.050**
F 统计量		42.086			0.000
调整后的 R^2		0.786			

注：*、**、*** 分别表示在 10%、5%、1% 水平下显著。

(4) 文化站机构数

根据表 5-8 可以得出，方程调整的 R^2 值为 0.755，说明模型的拟合度好；F 统计量为 35.462，显著性水平为 0.000，说明回归方程整体上显著，具有统计意义。GDP 的回归系数为 −0.032，政策数的回归系数为 −53.219，总人数的回归系数为 0.210，城镇人数的回归系数为 0.381，农村人数的回归系数为 0.518，0~14 岁人数的回归系数为 −0.005，65 岁及以上人数的回归系数为 0.010，性别比的回归系数为 −28.329。从经济环境来看，GDP 与文化站机构数呈负相关。从政策环境来看，公共文化服务领域政策数与文化站机构数呈负相关，且相关政策数对文化站机构建设的影响不同于文化馆。从文化环境来看，我国东部地区文化站机构数与中部地区无明显差异，与西部地区差异显著。从人口环境来看，总人数、城镇人数、农村人数、65 岁及以上人数与文化站机构数呈正相关，0~14 岁人数、性别比与文化站机构数呈负相关。文化站主要分布于基层，总人数、城镇人数、农村人数越多，对文化站的需求越大；基层留守老人多，主要是 65 岁及以上的群众参与文化站相关活动，且留守妇女为主要参与者，0~14 岁青少年对文化站的需求不大。

表 5-8 文化站机构数回归系数

模型		回归系数		T 值	显著性
		系数	标准误		
经济环境	人均 GDP	49.663	30.526	1.627	0.107
	GDP	−0.032	0.010	−3.168	0.002***
政策环境	政策数	−53.219	27.743	−1.918	0.058*
文化环境	中部(东部)	−17.885	137.158	−0.13	0.896
	西部(东部)	281.091	148.054	1.9	0.06*
人口环境	总人数	0.210	0.019	10.837	0.000***
	城镇	0.381	0.150	2.538	0.013**
	农村	0.518	0.094	5.497	0.000***
	0~14 岁	−0.005	0.002	−2.134	0.035**
	15~64 岁	−0.001	0.001	−0.527	0.599
	65 岁及以上	0.010	0.006	1.875	0.063*
	文盲率	6.285	7.393	0.850	0.397
	性别比	−28.329	10.387	−2.727	0.007***
F 统计量		35.462			0.000
调整后的 R^2		0.755			

注：*、**、*** 分别表示在 10%、5%、1% 水平下显著。

（5）博物馆机构数

根据表 5-9 可以得出，方程调整的 R^2 值为 0.697，说明模型的拟合度好；F 统计量为 26.707，显著性水平为 0.000，说明回归方程整体上显著，具有统计意义。GDP 的回归系数为 0.007，总人数的回归系数为 0.027，城镇人数的回归系数为 −0.081，农村人数的回归系数为 0.066，0~14 岁人数的回归系数为 −0.001，文盲率的回归系数为 −1.969，性别比的回归系数为 −3.443。从经济环境来看，GDP 与博物馆机构数呈正相关，人均 GDP 的影响不显著。从政策环境来看，公共文化服务领域政策数对博物馆机构数影响不显著。从文化环境来看，文化差异的影响不显著。从人口环境来看，总人数、农村人数与博物馆机构数呈正相关，城镇人数、0~14 岁人数、文盲率、性别比与博物馆机构数呈负相关。农村居民对博物馆的需求大于城镇居民；0~14 岁群体对博物馆的需求小；文盲率越高，该省份群众整体文化素质越低，对博物馆的需求则降低，博物馆数量减少；女性对博物馆的需求大于男性。

表 5-9　博物馆机构数回归系数

模型		回归系数		T 值	显著性
		系数	标准误		
经济环境	人均 GDP	-3.720	4.029	-0.923	0.358
	GDP	0.007	0.001	5.686	0.000***
政策环境	政策数	3.389	3.661	0.926	0.357
文化环境	中部(东部)	29.207	18.114	1.61	0.110
	西部(东部)	18.886	19.553	0.97	0.336
人口环境	总人数	0.027	0.002	12.473	0.000***
	城镇	-0.081	0.020	-4.068	0.000***
	农村	0.066	0.012	5.308	0.000***
	0~14 岁	-0.001	0.000	-1.896	0.061*
	15~64 岁	0.000	0.000	1.092	0.277
	65 岁及以上	0.000	0.001	-0.350	0.727
	文盲率	-1.969	0.976	-2.018	0.046**
	性别比	-3.443	1.371	-2.512	0.013**
F 统计量		26.707			0.000
调整后的 R^2		0.697			

注：*、**、*** 分别表示在 10%、5%、1% 水平下显著。

(6) 艺术表演团体数

根据表 5-10 可以得出，方程调整的 R^2 值为 0.239，说明模型的拟合度好；F 统计量为 4.514，显著性水平为 0.000，说明回归方程整体上显著，具有统计意义。人均 GDP 的回归系数为 56.530，总人数的回归系数为 0.084，农村人数的回归系数为 0.293。从经济环境来看，人均 GDP 与艺术表演团体数呈正相关，GDP 的影响不显著。从政策环境来看，公共文化服务领域的政策出台对艺术表演团体数的影响不显著。从文化环境来看，文化差异的影响依旧不显著。

从人口环境来看，总人数、农村人数与艺术表演团体数呈正相关。各省份艺术表演团体的数量与群众需求有很大的关系，人均 GDP 越高，群众生活水平越高，对公共文化服务的购买力越强，艺术表演团体的数量越多，且农村居民的需求高于城镇居民。

表 5-10　艺术表演团体数回归系数

模型		回归系数		T 值	显著性
		系数	标准误		
经济环境	人均 GDP	56.530	32.051	1.764	0.080*
	GDP	-0.008	0.010	-0.764	0.446
政策环境	政策数	-40.625	29.129	-1.395	0.166
文化环境	中部(东部)	222.081	135.675	1.64	0.105
	西部(东部)	-77.271	146.453	-0.53	0.599
人口环境	总人数	0.084	0.014	5.863	0.000***
	城镇	0.044	0.158	0.279	0.781
	农村	0.293	0.099	2.955	0.004***
	0~14 岁	-0.004	0.002	-1.459	0.147
	15~64 岁	0.000	0.001	0.139	0.889
	65 岁及以上	0.002	0.006	0.421	0.675
	文盲率	5.834	7.763	0.752	0.454
	性别比	-5.384	10.906	-0.494	0.622
F 统计量		4.514			0.000
调整后的 R^2		0.239			

注：*、**、*** 分别表示在 10%、5%、1% 水平下显著。

（7）群众文化机构数

根据表 5-11 可以得出，方程调整的 R^2 值为 0.767，说明模型的拟合度好；F 统计量为 37.773，显著性水平为 0.000，说明回归方程整体上显著，具有统计意义。GDP 的回归系数为 -0.032，政策数的回归系数为 -50.578，总人数的回归系数为 0.224，城镇人数的回归系数为 0.397，农村人数的回归系数为 0.544，0~14 岁人数的回归系数为 -0.005，65 岁及以上人数的回归系数为 0.010，性别比的回归系数为-30.275。从经济环境来看，GDP与群众文化机构数呈负相关，人均GDP的影响不显著。从政策环境来看，公共文化服务领域政策数与群众文化机构数呈负相关，说明相关政策实施、落实力度仍须加大。从文化环境来看，我国东部地区群众文化机构数与中部地区差异不明显，与西部地区差异较大。从人口环境来看，总人数、城镇人数、农村人数、65岁及以上人数与群众文化机构数呈正相关，0~14岁人数、性别比与群众文化机构数呈负相关。各省份群众文化机构的建设与年龄结构有关，0~14岁群体对群众文化机构的需求不大，65岁及以上群体是群众文化机构相关活动的主要参与者，其中女性是主力军。

表5-11 群众文化机构数回归系数

模型		回归系数		T值	显著性
		系数	标准误		
经济环境	人均GDP	46.485	31.350	1.483	0.141
	GDP	-0.032	0.010	-3.164	0.002***
政策环境	政策数	-50.578	28.492	-1.775	0.079*
文化环境	中部(东部)	-9.303	140.935	-0.07	0.947
	西部(东部)	289.343	152.132	1.9	0.06*
人口环境	总人数	0.224	0.020	11.104	0.000***
	城镇	0.397	0.154	2.570	0.011**
	农村	0.544	0.097	5.622	0.000***
	0~14岁	-0.005	0.002	-2.132	0.035**
	15~64岁	0.000	0.001	-0.442	0.659
	65岁及以上	0.010	0.006	1.756	0.082*
	文盲率	6.489	7.593	0.855	0.395
	性别比	-30.275	10.667	-2.838	0.005***
F统计量		37.773			0.000
调整后的R^2		0.767			

注：*、**、***分别表示在10%、5%、1%水平下显著。

2. 公共文化服务的便利性

(1) 公共图书馆总流通人数

根据表5-12可以得出，方程调整的R^2值为0.761，说明模型的拟合度好；F统计量为36.543，显著性水平为0.000，说明回归方程整体上显著，具有统计意义。GDP的回归系数为0.115，总人数的回归系数为0.533，农村人数的回归系数为-0.536，0~14岁人数的回归系数为-0.012，性别比的回归系数为86.458。从经济环境来看，GDP与公共图书馆总流通人数呈正相关，人均GDP的影响不显著。从政策环境来看，公共文化服务领域政策数对公共图书馆总流通人数无显著影响。从文化环境来看，文化差异的影响依旧不显著。从人口环境来看，总人数、性别比与公共图书馆总流通人数呈正相关，农村人数、0~14岁人数与公共图书馆总流通人数呈负相关。人口数量多的省份对公共图书馆的需求大，其中男性对参观公共图书馆的需求高于女性；农村人数和0~14岁人数越多的省份对公共图书馆的需求会相应减少，可能与群众文化素质、文化需求有关。

表5-12 公共图书馆总流通人数回归系数

模型		回归系数		T值	显著性
		系数	标准误		
经济环境	人均GDP	-121.868	85.495	-1.425	0.157
	GDP	0.115	0.028	4.118	0.000***
政策环境	政策数	-90.586	77.703	-1.166	0.246
文化环境	中部(东部)	-170.844	388.717	-0.44	0.661
	西部(东部)	50.980	419.720	0.12	0.904
人口环境	总人数	0.533	0.060	8.875	0.000***
	城镇	0.095	0.421	0.225	0.822
	农村	-0.536	0.264	-2.028	0.045**

续表

模型		回归系数		T 值	显著性
		系数	标准误		
人口环境	0~14 岁	-0.012	0.007	-1.856	0.066*
	15~64 岁	0.003	0.003	0.994	0.322
	65 岁及以上	-0.001	0.015	-0.073	0.942
	文盲率	3.050	20.707	0.147	0.883
	性别比	86.458	29.092	2.972	0.004***
F 统计量		36.543			0.000
调整后的 R^2		0.761			

注：*、**、*** 分别表示在 10%、5%、1%水平下显著。

(2) 博物馆参观人数

根据表 5-13 可以得出，方程调整的 R^2 值为 0.794，说明模型的拟合度好；F 统计量为 44.081，显著性水平为 0.000，说明回归方程整体上显著，具有统计意义。GDP 的回归系数为 0.143，总人数的回归系数为 0.618，城镇人数的回归系数为 -1.209，农村人数的回归系数为 1.115，性别比的回归系数为 -67.764。从经济环境来看，GDP 与博物馆参观人数呈正相关，人均 GDP 影响不显著。从政策环境来看，公共文化服务领域政策数对博物馆参观人数无显著影响。从文化环境来看，我国东部地区博物馆参观人数与中部和西部地区的差异都十分明显，与西部地区差异更大。从人口环境来看，总人数、农村人数与博物馆参观人数呈正相关，城镇人数、性别比与博物馆参观人数呈负相关。人数越多的省份对博物馆参观的需求越大。近年来，由于乡村振兴战略的实施，乡村群众的基本文化权益受到保护，其文化需求不断增加，从而增加对博物馆的浏览次数，留守女性为主要参观者；城镇人数越多的省份，城镇居民因工作原因，文化消费时间相对压缩，参观博物馆次数相对减少。

表 5-13　博物馆参观人数回归系数

模型		回归系数		T 值	显著性
		系数	标准误		
经济环境	人均 GDP	36.158	72.726	0.497	0.620
	GDP	0.143	0.024	6.019	0.000***
政策环境	政策数	-49.640	66.097	-0.751	0.454
文化环境	中部(东部)	707.802	326.561	2.17	0.032**
	西部(东部)	748.694	352.504	2.12	0.036**
人口环境	总人数	0.618	0.043	14.343	0.000***
	城镇	-1.209	0.358	-3.375	0.001***
	农村	1.115	0.225	4.964	0.000***
	0~14 岁	-0.009	0.006	-1.634	0.105
	15~64 岁	-9.893E-5	0.002	-0.041	0.967
	65 岁及以上	0.013	0.013	1.006	0.317
	文盲率	-28.174	17.614	-1.599	0.113
	性别比	-67.764	24.747	-2.738	0.007***
F 统计量		44.081			0.000
调整后的 R^2		0.794			

注：*、**、*** 分别表示在 10%、5%、1% 水平下显著。

(3) 群众文化机构组织文化活动次数

根据表 5-14 可以得出，方程调整的 R^2 值为 0.549，说明模型的拟合度好；F 统计量为 14.623，显著性水平为 0.000，说明回归方程整体上显著，具有统计意义。人均 GDP 的回归系数为 5206.095，总人数的回归系数为 7.883，农村人数的回归系数为 10.172。从经济环境来看，人均 GDP 与群众文化机构组织文化活动次数呈正相关，GDP 影响不显著。从政策环境来看，公共文化服务领域政策数对群众文化机构组织文化活动次数无显著影响。从文化环境来看，我国东部地区群众文化机构组织文化活动次数与西部地区差异不显著，与中部地区差异明显。从人口环境来看，总人数、农村人数与群众文化机构组织文化活动次数呈正相关。乡村群众的闲暇时间相对较多，同时政府越发重视开展乡村公共文化服务活动，因此乡村地区群众文化机构组织文化活动次数会相应增加；乡村居民对群众文化机构组织文化活动的需求也明显高于城镇居民。

表 5-14　群众文化机构组织文化活动次数回归系数表

模型		回归系数		T 值	显著性
		系数	标准误		
经济环境	人均 GDP	5206.095	1751.221	2.973	0.004***
	GDP	-0.019	0.571	-0.033	0.974
政策环境	政策数	-969.129	1591.601	-0.609	0.544
文化环境	中部（东部）	-13509.35	7725.417	-1.75	0.083*
	西部（东部）	1305.438	8339.151	0.16	0.876
人口环境	总人数	7.883	0.900	8.754	0.000***
	城镇	9.157	8.624	1.062	0.291
	农村	10.172	5.410	1.880	0.063*
	0~14 岁	-0.071	0.134	-0.526	0.600
	15~64 岁	-0.042	0.058	-0.730	0.467
	65 岁及以上	0.143	0.317	0.450	0.654
	文盲率	122.546	424.148	0.289	0.773
	性别比	-636.077	595.889	-1.067	0.288
F 统计量		14.623			0.000
调整后的 R^2		0.549			

注：*、**、***分别表示在10%、5%、1%水平下显著。

（4）乡镇文化服务惠及人数

根据表 5-15 可以得出，方程调整的 R^2 值为 0.529，说明模型的拟合度好；F 统计量为 13.554，显著性水平为 0.000，说明回归方程整体上显著，具有统计意义。GDP 的回归系数为 0.028，政策数的回归系数为-69.021，总人数的回归系数为 0.196，性别比的回归系数为 31.837。从经济环境来看，GDP 与乡镇文化服务惠及人数呈正相关，经济发展良好的省份，可能增加在公共文化方面的财政拨款，对乡镇文化的发展起促进作用；但人均 GDP 的影响不显著。从政策环境来看，公共文化服务领域政策数与乡镇文化服务惠及人数呈负相关，说明相关政策在乡镇文化机构的实施情况较差。从文化环境来看，我国东部地区乡镇文化服务惠及人数与中、西部地区差异都明显，与西部地区差异更大。从人口环境来看，总人数、性别比与乡镇文化服务惠及人数均呈正相关。人数越多，对参加公共文化服务活动的需求越大，开展乡镇文化服务活动吸引的群众越多，且参加乡镇文化活动的群体主要是男性，这可能与我国人口性别失衡有关。

表 5-15 乡镇文化服务惠及人数回归系数表

模型		回归系数		T 值	显著性
		系数	标准误		
经济环境	人均 GDP	38.485	44.045	0.874	0.384
	GDP	0.028	0.014	1.916	0.058*
政策环境	政策数	-69.021	40.030	-1.724	0.087*
文化环境	中部（东部）	235.423	95.341	2.47	0.015**
	西部（东部）	740.509	102.915	7.20	0.000***
人口环境	总人数	0.196	0.022	8.882	0.000***
	城镇	0.037	0.217	0.172	0.863
	农村	0.101	0.136	0.745	0.458
	0~14 岁	-0.005	0.003	-1.340	0.183
	15~64 岁	0.002	0.001	1.437	0.154
	65 岁及以上	-0.008	0.008	-0.970	0.334
	文盲率	2.126	10.668	0.199	0.842
	性别比	31.837	14.987	2.124	0.036**
F 统计量		13.554			0.000
调整后的 R^2		0.529			

注：*、**、*** 分别表示在 10%、5%、1% 水平下显著。

3. 公共文化服务的均等性

（1）居民人均文化娱乐消费支出

根据表 5-16 可以得出，方程调整的 R^2 值为 0.714，说明模型的拟合度好；F 统计量为 28.910，显著性水平为 0.000，说明回归方程整体上显著，具有统计意义。GDP 的回归系数为 -0.022，人均 GDP 的回归系数为 197.987，城镇人数的回归系数为 0.242，农村人数的回归系数为 -0.141，15~64 岁人数的回归系数为 0.002。从经济环境来看，人均 GDP 与居民人均文化娱乐消费支出呈正相关，GDP 与居民人均文化娱乐消费支出呈负相关。从政策环境来看，公共文化服务领域政策数对居民人均文化娱乐消费支出无显著影响，这可能与居民对相关政策的关注度欠缺有关。从文化环境来看，文化差异对居民人均文化娱乐消费支出无显著影响。从人口环境来看，城镇人数、15~64 岁人数与居民人均文化娱乐消费支出呈正相关，农村人数与居民人均文化娱乐消费支出呈负相关。城镇居民比乡村居民的整体工资水平高，且更加注重精神文化层面的消费，对文化娱乐的消费较高；15~64 岁群体的文化消费能力明显高于 0~14 岁群体和 65 岁及以上群体，因此 15~64 岁的人数相对越多，该省份的居民人均文化娱乐消费支出越高。

表 5-16　居民人均文化娱乐消费支出回归系数

模型		回归系数		T 值	显著性
		系数	标准误		
经济环境	人均 GDP	197.987	26.686	7.419	0.000***
	GDP	-0.022	0.009	-2.493	0.014**
政策环境	政策数	8.839	24.254	0.364	0.716
文化环境	中部（东部）	43.757	120.409	0.36	0.717
	西部（东部）	92.429	129.975	0.71	0.479
人口环境	总人数	-0.004	0.022	-0.186	0.853
	城镇	0.242	0.131	1.840	0.068*
	农村	-0.141	0.082	-1.708	0.090*
	0~14 岁	-0.003	0.002	-1.418	0.159
	15~64 岁	0.002	0.001	2.258	0.026**
	65 岁及以上	0.001	0.005	0.238	0.812
	文盲率	-8.963	6.463	-1.387	0.168
	性别比	1.157	9.081	0.127	0.899
F 统计量		28.910			0.000
调整后的 R^2		0.714			

注：*、**、*** 分别表示在 10%、5%、1% 水平下显著。

(2) 城镇居民人均文化娱乐消费支出

根据表 5-17 可以得出，方程调整的 R^2 值为 0.630，说明模型的拟合度好；F 统计量为 20.077，显著性水平为 0.000，说明回归方程整体上显著，具有统计意义。人均 GDP 的回归系数为 181.438，15~64 岁人数的回归系数为 0.002。从经济环境来看，人均 GDP 与城镇居民人均文化娱乐消费支出呈正相关，人均 GDP 越高的省份，城镇居民生活质量越高，对文化娱乐消费的支出越高，但 GDP 的影响不显著。从政策环境来看，公共文化服务领域政策数对城镇居民人均文化娱乐消费支出无显著影响。从文化环境来看，我国东、中、西部地区城镇居民人均文化娱乐消费支出差异在 90% 的置信水平区间内不显著。从人口环境来看，15~64 岁人数与城镇居民人均文化娱乐消费支出呈正相关，一省份 15~64 岁人数越多，城镇居民人均文化娱乐消费支出越高。

表 5-17　城镇居民人均文化娱乐消费支出回归系数差

模型		回归系数		T 值	显著性
		系数	标准误		
经济环境	人均 GDP	181.438	31.517	5.757	0.000***
	GDP	-0.015	0.010	-1.457	0.148
政策环境	政策数	11.613	28.644	0.405	0.686
文化环境	中部(东部)	44.480	141.971	0.31	0.755
	西部(东部)	205.455	153.250	1.34	0.183
人口环境	总人数	0.005	0.023	0.208	0.836
	城镇	0.155	0.155	0.996	0.322
	农村	-0.105	0.097	-1.077	0.284
	0~14 岁	-0.002	0.002	-0.927	0.356
	15~64 岁	0.002	0.001	2.182	0.031**
	65 岁及以上	4.033E-5	0.006	0.007	0.994
	文盲率	-10.537	7.634	-1.380	0.170
	性别比	0.298	10.724	0.028	0.978

续表

模型	回归系数 系数	回归系数 标准误	T 值	显著性
F 统计量	20.077			0.000
调整后的 R^2	0.630			

注：*、**、*** 分别表示在 10%、5%、1% 水平下显著。

（3）农村居民人均文化娱乐消费支出

根据表 5-18 可以得出，方程调整的 R^2 值为 0.684，说明模型的拟合度好；F 统计量为 25.175，显著性水平为 0.000，说明回归方程整体上显著，具有统计意义。GDP 的回归系数为 0.009，城镇人数的回归系数为-0.147，0~14 岁人数的回归系数为-0.003，15~64 岁人数的回归系数为 0.002，文盲率的回归系数为-8.483。从经济环境来看，GDP 与农村居民人均文化娱乐消费支出呈正相关，GDP 越高的省份农村居民生活情况越好，其人均文化娱乐消费支出越高，但人均 GDP 的影响不显著。从政策环境来看，公共文化服务领域政策数对农村居民人均文化娱乐消费支出无显著影响。从文化环境来看，我国东、中、西部地区农村居民人均文化娱乐消费支出差异在 90% 的置信水平区间内不显著。从人口环境来看，城镇人数、0~14 岁人数、文盲率与农村居民人均文化娱乐消费支出呈负相关，15~64 岁人数与农村居民人均文化娱乐消费支出呈正相关。城镇人数越多的省份，农村居民人均文化娱乐消费支出越低；0~14 岁人数越多的省份，农村居民人均文化娱乐消费能力越低；15~64 岁人数越多的省份，农村居民人均文化娱乐消费能力越高，在文化娱乐方面的消费支出增加；文盲率越高，居民的文化素养越低，农村居民对公共文化服务的了解减少，在文化娱乐消费方面的支出减少。

表 5-18　农村居民人均文化娱乐消费支出回归系数

模型		回归系数		T 值	显著性
		系数	标准误		
经济环境	人均 GDP	9.601	14.256	0.674	0.502
	GDP	0.009	0.005	1.838	0.069*
政策环境	政策数	7.652	12.956	0.591	0.556
文化环境	中部(东部)	56.934	64.070	0.89	0.376
	西部(东部)	-14.768	69.160	-0.21	0.831
人口环境	总人数	0.010	0.011	0.876	0.383
	城镇	-0.147	0.070	-2.091	0.039**
	农村	0.004	0.044	0.086	0.932
	0~14 岁	-0.003	0.001	-2.765	0.007***
	15~64 岁	0.002	0.000	3.659	0.000***
	65 岁及以上	0.000	0.003	0.168	0.867
	文盲率	-8.483	3.453	-2.457	0.016**
	性别比	6.271	4.851	1.293	0.199
F 统计量		25.175			0.000
调整后的 R^2		0.684			

注：*、**、*** 分别表示在 10%、5%、1%水平下显著。

(4) 人均文化事业费

根据表 5-19 可以得出，方程调整的 R^2 值为 0.830，说明模型的拟合度好；F 统计量为 55.737，显著性水平为 0.000，说明回归方程整体上显著，具有统计意义。GDP 的回归系数为 -0.002，人均 GDP 的回归系数为 13.573，总人数的回归系数为 -0.010，城镇人数的回归系数为 0.023，农村人数的回归系数为 -0.020，文盲率的回归系数为 4.952。从经济环境来看，人均 GDP 与人均文化事业费呈正相关，GDP 与人均文化事业费呈负相关。从政策环境来看，公共文化服务领域政策数对人均文化事业费无显著影响。从文化环境来看，我国东部地区人均文化事业费与中、西部地区都有明显差异，与西部地区差异更大，这可能与西部地区地广人稀、东部地区人口稠密有关。从人口环境来看，城镇人数、文盲率与人均文化事业费呈正相关，总人数、农村人数与人均文化事业费呈负相关。文盲率越高，群众受教育水平越低，各省份通过增加文化事业费发展公共文化服务，努力提高群众的精神文化水平；总人数越多，分摊文化事业费的人数越多，在文化事业费总量不变的情况下，人均文化事业费会减少；农村人数多的省份对公共文化服务的需求小于城镇人数多的省份，人均文化事业费会相应减少。

表 5-19 人均文化事业费回归系数

模型		回归系数		T 值	显著性
		系数	标准误		
经济环境	人均 GDP	13.573	1.447	9.377	0.000***
	GDP	−0.002	0.000	−3.570	0.001***
政策环境	政策数	−2.064	1.316	−1.569	0.119
文化环境	中部（东部）	11.071	6.520	1.70	0.092*
	西部（东部）	18.080	7.038	2.57	0.012**
人口环境	总人数	−0.010	0.001	−7.433	0.000***
	城镇	0.023	0.007	3.215	0.002***
	农村	−0.020	0.004	−4.514	0.000***
	0~14 岁	1.751E-6	0.000	0.016	0.987
	15~64 岁	−1.927E-5	0.000	−0.402	0.688
	65 岁及以上	8.444E-5	0.000	0.322	0.748
	文盲率	4.952	0.351	14.126	0.000***
	性别比	−0.121	0.493	−0.246	0.806
F 统计量		55.737			0.000
调整后的 R^2		0.830			

注：*、**、*** 分别表示在 10%、5%、1% 水平下显著。

4. 公共文化服务的基本性

（1）文化事业费

根据表 5-20 可以得出，方程调整的 R^2 值为 0.833，说明模型的拟合度好；F 统计量为 56.842，显著性水平为 0.000，说明回归方程整体上显著，具有统计意义。人均 GDP 的回归系数为 17020.971，政策数的回归系数为 −9794.027，总人数的回归系数为 36.171，城镇人数的回归系数为 86.290，农村人数的回归系数为 -45.945，性别比的回归系数为 4376.798。从经济环境来看，人均 GDP 与文化事业费呈正相关，GDP 的影响不显著。从政策环境来看，公共文化服务领域政策数与文化事业费呈负相关，公共文化服务领域政策数越多，各省份发展公共文化服务氛围越好，群众配合度越高，降低公共文化服务发展成本，即文化事业费的投入相应减少。从文化环境来看，我国东部地区文化事业费与中、西部地区都有差异，但与西部地区差异更大。从人口环境来看，总人数、城镇人数、性别比与文化事业费呈正相关，农村人数与文化事业费呈负相关。总人数和城镇人数多的省份会增加对公共文化服务的需求，因此各省份在分配文化事业费时会充分考虑人数因素；农村居民综合素质较低，对公共文化服务的需求有限，因此农村人数多的省份文化事业费比农村人数少的省份少。性别比越高的省份男性越多，文化事业费越高。

表 5-20 文化事业费回归系数

模型		回归系数		T 值	显著性
		系数	标准误		
经济环境	人均 GDP	17020.971	4716.272	3.609	0.000***
	GDP	2.005	1.537	1.305	0.195
政策环境	政策数	-9794.027	4286.393	-2.285	0.024**
文化环境	中部（东部）	54215.85	21166.16	2.56	0.012**
	西部（东部）	128017.7	22847.67	5.60	0.000***
人口环境	总人数	36.171	3.892	9.294	0.000***
	城镇	86.290	23.226	3.715	0.000***
	农村	-45.945	14.569	-3.154	0.002***
	0~14 岁	-0.588	0.362	-1.627	0.107
	15~64 岁	-0.044	0.156	-0.281	0.779
	65 岁及以上	0.987	0.854	1.156	0.250
	文盲率	105.622	1142.287	0.092	0.926
	性别比	4376.798	1604.808	2.727	0.007***
F 统计量		56.842			0.000
调整后的 R^2		0.833			

注：*、**、*** 分别表示在 10%、5%、1% 水平下显著。

(2) 文化事业费占财政支出比重

根据表 5-21 可以得出，方程调整的 R^2 值为 0.372，说明模型的拟合度好；F 统计量为 7.626，显著性水平为 0.000，说明回归方程整体上显著，具有统计意义。总人数的回归系数为 $-8.431E-6$，农村人数的回归系数为 $-3.981E-5$，0~14 岁人数的回归系数为 $-1.070E-6$，性别比的回归系数为 0.004。从经济环境来看，GDP 和人均 GDP 对文化事业费占财政支出比重在 90% 的置信水平区间内不显著。从政策环境来看，公共文化服务领域政策数对文化事业费占财政支出比重无显著影响。从文化环境来看，我国东部地区文化事业费占财政支出比重与西部地区差异明显，与中部地区无明显差异。从人口环境来看，性别比与文化事业费占财政支出比重呈正相关，总人数、农村人数、0~14 岁人数与文化事业费占财政支出比重呈负相关。总人数多的省份，文化事业费占财政支出比重低；农村人数多的省份，文化事业费会减少，占财政支出比重也会减少；0~14 岁人数越多的省份，综合消费能力越小，对公共文化的需求减少，为降低建设公共文化服务的成本，文化事业费的投入减少，占财政支出比重减少；男性越多的省份，文化事业费占财政支出比重越高。

表 5-21 文化事业费占财政支出比重回归系数

模型		回归系数		T 值	显著性
		系数	标准误		
经济环境	人均 GDP	0.009	0.006	1.547	0.125
	GDP	2.822E-6	0.000	1.411	0.161
政策环境	政策数	-0.002	0.006	-0.333	0.740
文化环境	中部（东部）	0.023	0.028	0.83	0.408
	西部（东部）	0.067	0.030	2.32	0.022**

续表

模型		回归系数		T 值	显著性
		系数	标准误		
人口环境	总人数	−8.431E−6	0.000	−2.534	0.013**
	城镇	−9.927E−6	0.000	−0.328	0.743
	农村	−3.981E−5	0.000	−2.099	0.038**
	0~14 岁	−1.070E−6	0.000	−2.274	0.025**
	15~64 岁	1.344E−7	0.000	0.661	0.510
	65 岁及以上	6.942E−7	0.000	0.624	0.534
	文盲率	−0.001	0.001	−0.357	0.722
	性别比	0.004	0.002	1.728	0.087*
F 统计量		7.626			0.000
调整后的 R^2		0.372			

注：*、**、*** 分别表示在 10%、5%、1% 水平下显著。

(3) 群众文化机构财政拨款

根据表 5-22 可以得出，方程调整的 R^2 值为 0.718，说明模型的拟合度好；F 统计量为 29.407，显著性水平为 0.000，说明回归方程整体上显著，具有统计意义。人均 GDP 的回归系数为 4540.967，政策数的回归系数为 −5205.204，总人数的回归系数为 12.270，城镇人数的回归系数为 37.572，农村人数的回归系数为 −21.716，性别比的回归系数为 2513.155。从经济环境来看，人均 GDP 与群众文化机构财政拨款呈正相关，人均 GDP 高的省份经济发展水平较高，有利于更好地发展公共文化服务，群众文化机构财政拨款相应增加，但 GDP 的影响不显著。从政策环境来看，公共文化服务领域政策数与群众文化机构财政拨款呈负相关。从文化环境来看，我国东部地区群众文化机构财政拨款与中、西部地区都有差异，但与西部地区差异更大，这可能与地区经济发展水平有关。从人口环境来看，总人数、城镇人数、性别比与群众文化机构财政拨款呈正相关，农村人数与群众文化机构财政拨款呈负相关。总人数和城镇人数越多的省份，对公共文化服务的需求越高，为满足群众日益增长的公共文化需求，群众文化机构财政拨款会相应增加,而农村人数多的省份则会降低;性别比高的省份群众文化机构财政拨款也会相应增加。

表 5-22　群众文化机构财政拨款回归系数

模型		回归系数		T 值	显著性
		系数	标准误		
经济环境	人均 GDP	4540.967	2267.467	2.003	0.048**
	GDP	0.500	0.739	0.677	0.500
政策环境	政策数	-5205.204	2060.792	-2.526	0.013**
文化环境	中部(东部)	21125.91	10258.16	2.06	0.042**
	西部(东部)	55060.23	11073.1	4.97	0.000***
人口环境	总人数	12.270	1.516	8.094	0.000***
	城镇	37.572	11.167	3.365	0.001***
	农村	-21.716	7.004	-3.100	0.002***
	0~14 岁	-0.257	0.174	-1.479	0.142
	15~64 岁	-0.036	0.075	-0.478	0.634
	65 岁及以上	0.585	0.411	1.424	0.157
	文盲率	835.334	549.184	1.521	0.131
	性别比	2513.155	771.552	3.257	0.001***
F 统计量		29.407			0.000
调整后的 R^2		0.718			

注:*、**、*** 分别表示在 10%、5%、1% 水平下显著。

(4) 公共图书馆财政拨款

根据表 5-23 可以得出,方程调整的 R^2 值为 0.768,说明模型的拟合度好;F 统计量为 38.090,显著性水平为 0.000,说明回归方程整体上显著,具有统计意义。人均 GDP 的回归系数为 5459.230,政策数的回归系数为 -2227.246,总人数的回归系数为 6.768,城镇人数的回归系数为 29.105,农村人数的回归系数为 -18.903,性别比的回归系数为 1116.877。从经济环境来看,人均 GDP 与公共图书馆财政拨款呈正相关,但 GDP 的影响不显著。从政策环境来看,公共文化服务领域政策数与公共图书馆财政拨款呈负相关。公共文化服务领域的政策数越多,该省份发展公共文化服务的氛围越好,群众对公共文化服务建设发展的配合度越高,会降低发展公共文化服务的成本,公共图书馆财政拨款相应减少。从文化环境来看,我国东部地区公共图书馆财政拨款与中部地区无明显差异,与西部地区差异显著。从人口环境来看,总人数、城镇人数、性别比与公共图书馆财政拨款呈正相关,农村人数与公共图书馆财政拨款呈负相关。农村居民对公共文化服务的需求低于城镇居民,因此农村人数多的省份会降低公共文化服务建设投入,公共图书馆财政拨款减少;男性越多的省份,公共图书馆财政拨款越多。

表 5-23　公共图书馆财政拨款回归系数

模型		回归系数		T 值	显著性
		系数	标准误		
经济环境	人均 GDP	5459.230	1362.592	4.007	0.000***
	GDP	-0.201	0.444	-0.452	0.652
政策环境	政策数	-2227.246	1238.394	-1.798	0.075*
文化环境	中部(东部)	9507.72	6133.402	1.55	0.124
	西部(东部)	21599.85	6620.661	3.26	0.001***
人口环境	总人数	6.768	1.086	6.231	0.000***
	城镇	29.105	6.710	4.337	0.000***
	农村	-18.903	4.209	-4.491	0.000***
	0~14 岁	-0.007	0.104	-0.071	0.943
	15~64 岁	-0.035	0.045	-0.782	0.436
	65 岁及以上	0.239	0.247	0.970	0.334
	文盲率	72.580	330.022	0.220	0.826
	性别比	1116.877	463.650	2.409	0.018**
F 统计量		38.090			0.000
调整后的 R^2		0.768			

注:*、**、*** 分别表示在 10%、5%、1% 水平下显著。

四 结论与讨论

本章节运用实证分析方法将公共文化服务的理论与实践相结合,将已有碎片化的研究成果进行提炼、总结,构建起系统的公共文化服务治理环境对治理绩效的影响的分析框架,完善和创新公共文化服务治理体系的构建。同时,从省级层面这一新视角研究我国公共文化服务治理环境对治理绩效的影响,从宏观、整体的视角剖析我国公共文化服务治理环境对治理绩效的影响机制,为我国制定公共文化服务领域相关政策提供更加全面、系统的理论依据。通过上述研究,本章节得到如下研究结论。

公共文化服务整体治理绩效受外在环境影响显著。其中,人口环境的影响作用最明显,对公共文化服务的公益性、基本性、均等性和便利性影响都比较显著;经济环境的影响则表现为宏观经济环境影响和微观经济环境影响,其中对均等性的影响都显著,对基本性的影响表现为微观经济方面的影响,对公益性和便利性的影响表现为宏观经济方面的影响;政策环境主要体现在对公益性和基本性的影响上;文化环境主要体现在基本性和便利性的影响上。

公共文化服务的公益性主要受到宏观经济环境、政策环境和人口环境的显著影响。宏观经济环境对公益性质的公共文化服务影响显著,本研究的"三馆一站"是国家普遍投入的公益性建设,其绩效需要良好的经济基础。公共文化服务相关政策对公益性的影响主要体现在城乡差异上,说明公共文化服务相关政策的侧重点不同,且乡村在文化政策落实方面需要加强。人口环境对公共文化服务公益性的影响主要体现在年龄结构和性别结构:从年龄结构来看,地区0~14岁和65岁及以上群体对公共文化服务的公益性影响显著,说明青年群体和老年群体是"三馆一站"的主要受众;从性别结构来看,男性和女性对基本公共文化服务的需求存在差异,且女性对公共文化服务的需求旺盛。此外，文化环境对公益性影响不显著，也说明在国家公共文化服务的"三馆一站"建设方面，中、东、西部的差异不大。

公共文化服务的基本性受外在环境影响最为显著。微观经济环境对政府公共文化服务基本性（财政投入）影响十分显著，微观经济环境越好，公共文化服务的基本性越强。公共文化服务政策环境对基本性影响较弱，说明公共文化服务的财政投入与政策落实存在脱节。东部、中部和西部地区公共文化服务的财政投入存在明显差异。人口环境对公共文化服务基本性的影响主要体现在性别结构：男性越多的省份，政府对公共文化服务的财政投入越多，这和目前我国宏观的人口性别结构失衡有关。

公共文化服务的均等性主要受到经济环境和人口环境的显著影响。经济环境的良好发展可以刺激居民消费，实现公共文化服务的均等化。人口环境对公共文化服务的影响主要体现在人口年龄结构方面：其中15~64岁群体对公共文化服务的均等性影响最为显著，说明15~64岁群体是公共文化服务的主要消费群体，其文化消费能力高。

公共文化服务的便利性主要受到宏观经济环境、文化环境和人口环境的显著影响。良好的宏观经济环境有利于加强公共文化服务基础和配套设施建设，从而提高群众的文化参与质量。我国东部、中部和西部地区群众参与公共文化服务活动存在显著差异，说明不同地区的群众文化需求具有差异。人口环境对公共文化服务便利性的影响有两点：一是城乡居民参与公共文化服务情况不同，农村居民积极性高于城镇居民，这与国家大力实施乡村振兴战略有关；二是体现在性别结构方面，其中男性比女性参与公共文化服务的需求高。政策环境对便利性的影响并不显著，说明在满足群众需求的便利性方面，公共文化服务政策还不够完善。

第六章　中国省级公共文化服务绩效评价指数

21世纪以来，伴随经济社会发展需要和发展理念的转变，我国民生建设不断推进。公共文化服务作为公共服务的重要组成部分，是促进社会平等稳定、满足公民基本需求、提高民生福祉的基础。为推进现代公共文化服务体系建设，稳步提升公共文化服务水平，培育和建构文化认同，迫切需要构建和完善公共文化服务绩效评估体系，以实现文化强国与保障和改善民生的重要战略目标。

《国家"十一五"时期文化发展规划纲要》提出"建立政府对公共文化事业投入的绩效考评机制"，自此公共文化服务的绩效评价有了政策依据。2017年《文化部"十三五"时期文化发展改革规划》出台，我国各项文化建设基础不断夯实，凸显了公共文化服务绩效评价对推动我国文化建设全面快速发展与提升国家文化软实力的重要作用。从十八大到党的十九届五中全会，随着国家治理体系和治理能力现代化的逐步推进，党领导人民坚持马克思主义在意识形态领域的指导地位，加强社会主义精神文明建设，坚定文化自信，我国文化事业不断繁荣发展。作为公共治理领域符号性很强的制度创新活动（高小平等，2011），绩效评估在提升管理水平与服务效能方面发挥着重要作用，是提升公共文化服务质量的核心驱动力。

现阶段，公共文化服务蓬勃兴起的大好形势与十九大以来我国社会主要矛盾的转变，对公共服务领域的绩效考评工作提出了全新的任务，要求绩效评价提升到一个更高的层次，更好地满足人民日益增长的精神文化需求、不断丰富人民精神世界、增强人民精神力量。但我国目前公共文化服务绩效管理领域基础薄弱，公共文化服务绩效考评机制不健全，理论研究与实践经验较为匮乏，公共文化服务绩效水平与实现文化强国目标之间仍有很大差距。因此，应坚持将社会效益放在首位、社会效益和经济效益相统一的原则，建立健全科学的公共文化服务绩效评估体系，补齐短板，进一步提高公共文化服务的生产和配置效率，使公共文化服务建设在新时代真正落实。

在新的历史起点上，文化权利的保障标志着国家、社会的发展进步和文明程度，是国家文化战略人民性的直接体现（王京生，2015），代表了人民群众最基本的社会期待与实际诉求。本研究结合基本国情积极探索公共文化服务绩效评估工作，如加强省级、市级政府层面的绩效评价，开展公共图书馆的绩效评价研究，并深入分析影响因素、加快模式构建。

一 研究设计

（一）研究内容

本章节通过梳理归纳国内外相关文献及研究成果，分析了我国省级公共文化服务发展现状，进而运用文本分析、实证分析与比较分析的研究方法，结合我国 31 个省、自治区、直辖市的调查数据，构建出科学的分析框架，在此基础上运用熵值法进行实证研究，并提出了切实可行的对策建议。具体而言，本章节基于公共文化服务、绩效评价等核心概念以及新公共服务理论和公共绩效管理理论，构建了我国省级公共文化服务绩效评价分析框架和指标体系。以我国 31 个省、自治区、直辖市的面板数据为基础，遵循指标体系构建的基本原则，建立包含治理工具、治理主客体、治理效能及治理环境的指标体系与严密的分析框架。随后基于熵值法进行我国省级公共文化服务绩效评价实证分析过程。结合 2016~2020 年的面板数据，运用熵值法从治理工具、治理主体、治理客体、治理效能、治理环境五方面对绩效评价结果进行实证分析，进而结合分析结果做出本研究横向维度的主要判断，并从纵向维度对我国省级公共文化绩效水平进行综合指数分析，实现研究的系统性、全面性。

(二) 研究方法

1. 数据来源

本章节通过线上、线下文献调查的方式搜集指标数据，主要来源为 2016~2020 年《中国统计年鉴》《中国文化及相关产业统计年鉴》《中国文化文物统计年鉴》公布的统计资料，少部分数据来源于政府工作报告以及前期课题研究的资料积累，包括对各个省区市"三馆一站"和财政投入等具体与公共文化服务相关的通知与文件的收集和整理。除此之外，还访问了各省份人民政府、统计局、文化旅游局等官方网站，为本部分实证分析提供了数据支撑。

2. 算法设计

"熵"的概念由德国物理学家克劳修斯提出，最早应用于热力学，后来被引入信息理论来表明系统中的混淆程度。熵值是不确定性的一种度量，熵值越小，不确定性越小，提供的有用信息量就越多；熵值越大，不确定性越大，提供的有用信息量就越少。"熵值法"通常以宏观数据为基础，其主要思想是通过确定指标的离散程度确立权重，相较于主观评判具有一定的科学性和客观性 (Jin et al., 2018)。为得出客观评价权重，弥补主观赋权模式不足，科学地综合考虑数据相关关系及变异程度，而利用熵值携带的信息进行权重计算，进而形成综合性评价体系，并用于综合评价 (王珂等, 2020)。

本章节采用熵值加权综合指数法，即运用熵值法计算各指标权重，并结合综合指数法进行各类增速计算，通过横向、纵向比较分析，能够从时间和空间两种维度揭示我国公共文化服务发展水平。利用熵值法计算指标权重的具体过程如下。

（1）构建原始矩阵

假设选取 n 个样本，设计 m 个评价指标，建立原始矩阵如公式（6-1）所示。

$$X = \begin{pmatrix} X_{11} & X_{12} & \cdots & X_{1m} \\ X_{21} & X_{22} & \cdots & X_{2m} \\ \vdots & \vdots & \ddots & \vdots \\ X_{n1} & X_{n2} & \cdots & X_{nm} \end{pmatrix} \quad (6-1)$$

（2）数据预处理

对原始数据进行无量纲化处理，减少指标本身不同衡量单位和量的差异。为消除零和负值对算法的影响，还须对去量纲后的数据整体向右平移 0.0001 个单位。

正向指标处理方法：

$$x'_{ij} = \frac{x_{ij} - m_j}{M_j - m_j} + 0.0001 \quad (6-2)$$

逆向指标处理方法：

$$x'_{ij} = \frac{M_j - x_{ij}}{M_j - m_j} + 0.0001 \quad (6-3)$$

其中，$i=1,2,3,\cdots,n$；$j=1,2,3,\cdots,m$，M_j 为 x_{ij} 最大值，m_j 为 x_{ij} 最小值。

（3）计算特征比重

计算第 j 个指标下，第 i 个样本的特征比重或贡献度：

$$h_{ij} = \frac{x'_{ij}}{\sum_{i=1}^{n} x'_{ij}} \qquad (6-4)$$

其中，$i=1, 2, 3, \cdots, n$；$j=1, 2, 3, \cdots, m$。

(4) 确定各评价指标权重

①熵值计算。计算第 j 项指标的熵值：

$$e_j = -\frac{1}{\ln n} \sum_{i=1}^{n} h_{ij} \ln(h_{ij}) \qquad (6-5)$$

其中，$i=1, 2, 3, \cdots, n$；$j=1, 2, 3, \cdots, m$，$0 \leq e_j \leq 1$。

②差异性系数计算。计算第 j 项指标的差异性系数：

$$g_j = 1 - e_j \qquad (6-6)$$

其中，$j=1, 2, 3, \cdots, m$。

③权重计算。计算第 j 项指标权重：

$$W_j = \frac{g_j}{\sum_{j=1}^{m} g_j} \qquad (6-7)$$

其中，$j=1, 2, 3, \cdots, m$。

(5) 计算各模块发展指数

基于上述熵值法计算公式，得出各个评价模块治理绩效的指数，以反映特定地区在特定时期特定模块公共文化服务发展的综合值，数值越高则表明该模块发展水平越高。计算公共文化服务治理绩效评价体系中第 b 个模块的发展指数：

$$T_b = \sum_{j=1}^{q} W_{ij} x'_{ij} \qquad (6-8)$$

其中，$i=1, 2, 3, \cdots, n$；q 为 b 模块中包含的指标个数。

（6）计算综合发展指数

公共文化服务治理绩效的综合指数是反映特定地区在特定时期内公共文化服务发展的综合值，数值越高代表发展水平越高。计算我国省级公共文化服务治理绩效的综合发展指数 I：

$$I = \sum_{j=1}^{s} W_{ij} x'_{ij}, \quad \sum_{j=1}^{s} W_{ij} = 1 \qquad (6-9)$$

其中，s 为公共文化服务治理绩效评估体系中的模块总个数。

二 绩效评价指标体系构建

（一）理论基础

我国公共文化服务体系庞大，涉及行业众多，点多面广，文化活动内容丰富，参与者众，受众广泛，发展迅速，目前已建立了初步的绩效考评机制，但形成全国性全行业性的基本规范尚需时日（向勇、喻文益，2008）。因此，我国对公共文化服务绩效评价的研究仍处于不断探索阶段。

1. 公共文化服务绩效评价研究

（1）公共文化服务绩效评价指标

中国语境下公共文化服务绩效评价指标体系的研究相对丰富，主要集中于对指标体系构建原则的厘定与体系的划分上。有研究设计了资源投入、服务产出、用户利用和组织成长四个维度的评价框架，并分层计算出指标权重（万易等，2021）。有学者提出公共文化服务绩效评价指标体系构建应遵循目标导向、系统性、全面性、客观性、科学性、可比性原则，并以此为标准构建出由4个一级指标、72个二级指标构成的指标体系（李娟、梅国宏，2016）。也有研究将公共文化服务绩效评价指标体系分为政府投入、服务保障、总体效应三个方面，并筛选出 22 个二级指标（傅利平等，2013）。苏祥等以公众为导向，构建出包括公共文化服务设施、公共文化活动和公共文化服务管理三个维度的公共文化服务绩效评估指标体系（苏祥等，2016）。张广钦在群众、资金、内部业务建设、发展潜力四个维度上构建起由群众参与率、预算执行率、服务网点设置率等 17 个指标组成的通用体系（张广钦、李剑，2017）。朱旭光则以公民基本文化权益为逻辑起点，借鉴"4E"原则和"投入—产出"模型，构建起公共文化服务绩效评估体系基本框架，反映了贯穿公共文化服务绩效评估始终的价值取向（朱旭光、王莹，2016）。

关于公共文化服务绩效评价指标体系的设计，国外主要从设计原则与评估维度展开研究。Ragaigne 提出评价公共文化服务绩效时应充分考虑顾客满意度，结合社会公众与政府互动考察的原则，避免政府或公众评价作为单一选项（Ragaigne，2011）。Andrews 等指出公共文化服务绩效评估体系主要包括核心服务以及提高绩效能力两个方面（Andrews et al.，2005）。波伊斯特认为公共文化服务绩效评估指标包括资源、产出、效率、生产力、效果、质量、效益、满意度八个方面（波伊斯特，2005）。Torres 等批判继承了波伊斯特的评估"八维度"模型，提出公共文化服务绩效评估应包括产出、效率、效果、质量、满意度五个维度（Torres et al.，2011）。Paberza 认为以 19 个指标为基础的英国新的公共图书馆绩效评估框架强调了以地方评估逐步取代中央评估的方式，具有重要意义（Paberza，2010）。

（2）公共文化服务绩效评价方法

国内目前采用的主要评估方法有层次分析法、平衡计分卡、数据包络分析法（DEA）、模糊评价法、关键绩效指标等（王学琴、陈雅，2014）。余冬林和谭海艳利用主成分分析法，从财政投入与产出角度构建我国公共文化服务财政投入和产出指标体系（余冬林、谭海艳，2016）。朱艳鑫和赵立波以数据包络分析法为工具，实证分析了我国大陆31个省、自治区、直辖市文化事业的投入产出效率及其纯技术效率和规模效率（朱艳鑫、赵立波，2013）。韦景竹和李率男运用数据包络分析法，从网站的规模、内容、结构等角度选择指标，计算分析省级公共文化云平台的运营效率（韦景竹、李率男，2020）。赵益民和姜晨旻基于熵值加权综合指数法，运用熵值法计算各指标权重，并结合权重计算公共文化服务发展指数，进而结合各类增速计算和揭示公共文化服务发展水平（赵益民、姜晨旻，2020）。彭程等基于层次分析法（AHP），对浙江省基本公共文化服务的各项指标属性值进行评估，综合权衡各方影响因素从而获得指标彼此间重要性的量化对比（彭程等，2016）。胡慧源借助平衡计分卡理论（BSC），通过构建三阶段DEA拓展模型对我国博物馆服务效率进行评价性分析，规避了单一DEA分析中指标选取依据不足以及环境因素和随机干扰影响的问题（胡慧源，2020）。目前我国绩效评估方法应用在公共文化服务领域研究的总量不足，且尚未形成有效的公共文化服务绩效评估模型与体系，仍须投入精力大力研究。

公共文化服务绩效评价方法研究是国外很多学者研究的核心，研究围绕具体的文化机构开展绩效评价工作，对信息资料分析方法进行了有益探索。Carvalho等运用数据包络分析法研究了葡萄牙285家博物馆的服务效率（魏峻，2018）。Taheri和Ansari使用数据包络法对历史文化博物馆的效率进行了评估，帮助政策制定者理解其在公共文化服务方面的绩效表现（Taheri and Ansari，2013）。Saad和Germaine为了寻找公共服务机构绩效评估的主要驱动因素和有效绩效评估系统的条件，利用层次分析法进行了实证分析（Saad and Germaine，2001）。Wilson等使用平衡计分卡理论对公共部门组织绩效情况进行案例研究，并对BSC方法进行了综合分析（Wilson et al.，2004）。Saich运用公众满意度测评方法研究了公共机构的绩效评估，并推动公众满意度测评法的衍生与发展（Saich，2012）。

(3) 公共文化服务绩效评价模型

国外对公共文化服务绩效评价模型的研究不断创新发展，且成果较为丰富。Afonso 和 Fernandes 较早根据 DEA-Tobit 两步法模型分析地方政府的公共文化服务绩效（Afonso and Fernandes, 2006）。Saad 和 Germaine 提出的绩效评估模型构建策略包括方法综合、共性提取等，强调综合运用实证性和描述性方法对数据进行分析（Saad and Germaine, 2001）。Tulkens 等采用面板数据模型，对公共部门效率的非参数评价从方法论视角做出了分析（Mihočić, 2012）。Taboada 等对公共图书馆信息传递过程进行了研究，并通过线性模型建立了图书馆信息传递绩效微型评分模型（Taboada et al., 2010）。Adams 基于社会健康、永恒发展的视角，构建了包含社会、经济、文化、生态的公共文化服务四大柱形模型，并针对每个柱形设计了关键指标（Adams, 2009）。

2. 公共文化服务绩效提升研究

(1) 公共文化服务建设的转向路径

现阶段，伴随构建现代公共文化服务体系目标任务的提出，我国学者的研究视角逐渐聚焦于服务效能的提升上，对未来公共文化服务的发展转向路径进行了合理研判。刘大伟和于树贵认为，要实现以公民文化权利均等化为价值追求，公共文化服务绩效评价的结构转向应体现为评价主体"公众本位"、评价指标"过程导向"和评价重心"获得导向"（刘大伟、于树贵，2019）。李海娟和顾建光基于公共文化服务供给与需求之间的辩证统一关系，提出以需求为导向深化公共文化服务供给侧改革的路径（李海娟、顾建光，2017）。夏国峰倡导在权力话语之外将"治理"引入公共文化服务研究，实现并推动公共文化服务研究从权利向治理的话语转向（夏国锋，2014）。王迪认为我国城镇公共文化服务建设须坚持人民立场，在五个维度上完成必要的转向，实现民生工作与社会治理工作中的"以人为本"（王迪，2018）。方坤认为当前公共文化服务建设正在经历一个面向文化空间建设的重心转移过程，公共文化服务建设的最终走向在于文化空间重建（方坤，2015）。

（2）公共文化服务绩效的提升路径

公共文化服务绩效提升路径方面，我国学者主要从财政投入、供需关系、城乡差异等方面展开研究。有学者提出新时代应建立起以政府为主导、多元主体共同参与的公共文化服务供给体系，促进文化市场的发展和文化产业的繁荣（毛雁冰、韩玉，2015）。申亮和王玉燕基于对我国公共文化服务政府供给效率的检验，认为在推动公共文化服务均等化的同时，各地区应在压缩政府规模、优化财政支出结构、深化财税体制改革、提升政府执行力等方面实施变革（申亮、王玉燕，2017）。有研究认为公共文化服务政策的贯彻落实有利于促进政府公共文化服务职责的履行（胡税根、李倩，2015）。胡恒钊认为要大力加强我国农村公共文化服务体系建设，打破城乡二元化发展格局（胡恒钊，2018），促进城乡一体化建设。巫志南则提出在我国传统文化事业向现代公共文化服务产业跨越的转型期，必须把提高公共文化产品和服务的精准供给水平摆在重要位置（巫志南，2019）。周长城等认为应当打造一个高质量、高水平的公共文化服务环境，加大财政在公共文化服务领域的投入力度，同时软性条件也不容忽视（周长城等，2016）。

国外学者对公共文化服务绩效评价的研究起步较早，广泛地应用在各个行业、各个领域，20世纪60年代绩效评估理论就被应用于公共图书馆服务评估中（Pizer and Cain，1968）。

3. 公共文化服务影响因素研究

目前，国外主要从政策、经济、社会等方面开展公共文化服务影响因素研究，且对财政类指标，如财政支出结构等的研究较为普遍。Last 和 Wetzel 通过研究发现，公共文化机构可以通过规模经济实现显著的效率收益，提升服务水平（Last and Wetzel，2011）。Xia 和 Hong 认为，服务资金不足、卫生机构不健全、人力资源短缺、资源配置结构失衡等是公共文化服务面临的挑战（Xia and Hong, 2010）。Agid 等研究了公共数字文化治理相关问题，通过搭建经济模型分析了数字化对公共文化服务带来的影响（Agid and Tarondeau, 2007）。Hatry 认为公共服务领域的绩效评估不仅需要强调效率，还需要对经济、效率和效果进行综合评估（Hatry, 2002）。Rössel 和 Weingartner 提出，政府公共文化支出受到经济、政策、文化、人口密度、受教育程度、年龄等多重社会治理环境因素的影响（Rössel and Weingartner, 2015）。Lee 与 Whitford 发现，行政资源、人事资源、财政资源、政治资源对政府绩效结果有积极的作用（Lee and Whitford, 2013）。

4. 研究评述

通过对国内外相关文献的梳理发现，学者们从指标体系、评估方法等方面多维度地对公共文化服务供给效率进行了研究，拓展、丰富了其内涵与外延，为本章节进行我国省级层面公共文化服务绩效评价提供了理论基础，有助于推动绩效评估实践的发展。相较于国外，我国公共文化服务绩效评估作为政府绩效评估的一个分支，研究起步较晚，虽在评估指标设计、评估内容、评估方法等方面取得了一定的成果，但尚未形成完备的研究体系，存在以下不足。

第一，绩效评估体系的广度和深度不够，缺乏科学性、系统性的指标框架。由于公共文化服务的复杂性和已有文献对绩效概念定义的模糊性，指标体系的设计较为分散，各地评估指标不统一，且规模较小、主观性较强，未能把握住关键变量，对后续量化分析造成了障碍。

第二，评估方法层面，大多为定性分析，缺乏实证研究。而在定量研究的文献中，大多仅从静态方面进行公共文化服务的横向比较，缺乏纵向的动态分析。另外，对比西方国家公共文化服务绩效评价方法与模型，国内研究仍处于初级阶段，且方法的创新性、应用的灵活性有待提升。

第三，对宏观省级层面，特别是供需方面的研究较为匮乏。我国现有研究多集中于微观层面，如对特定省、市的公共图书馆和博物馆进行绩效评估。缺乏对各省、区、市发展情况的比较分析，难以全面考察我国中、东、西部公共文化服务绩效水平，不利于把握我国当下公共文化服务的整体情况。

据此，本章节拟从完善现有研究的角度出发，兼顾数据的可获取性与统计口径的一致性，通过构建科学的公共文化服务绩效评价指标体系，结合熵值法确定指标权重，对我国省级公共文化服务绩效进行应用评估，进而提出相应的优化对策，旨在完善公共文化服务绩效评估相关理论，提升我国公共文化服务质量。

（二）指标设计原则

1. 评价指标系统化原则

公共文化服务绩效评价指标体系是一个多层次、多指标的复合体系，构建过程中应将系统化原则放在首位。首先，公共文化服务水平体现于治理工具、治理主客体、治理效能、治理环境等多个方面；公共文化服务发展既包括个体科学文化素质的提高，也包括社会公共文化氛围的营建（胡剑、徐茂华，2013）。这要求在设计过程中充分考虑指标体系的深度、广度及各子系统之间的区别与联系，遵循从整体到部分的原则设计全面的绩效评价指标体系。其次，在指标体系评价过程中，须从问题的整体性出发，通过深入分析各子系统的内在逻辑和规律，对问题各个方面进行系统评价。

2. 评价指标科学性原则

评价指标的科学性是确保评价结果合理的前提。科学性主要涵盖三方面内容。一是绩效评价指标的客观性，即在指标设计过程中应遵循科学性原则，确保各级指标概念准确、含义清晰、结构合理、层次分明、逻辑严密、代表性强，避免主观因素产生影响。二是数据来源的真实性，即在数据收集过程中，必须选取具有权威性的数据，最大限度地确保数据准确性，实现信度与效度的统一。三是评价指标的与时俱进。文化的形成与发展应被赋予时代特征，新时代公共文化服务绩效评价指标的设计要体现出与时俱进，表现新时期文化发展的最新成果，充分反映评估对象的本质特征。

3. 评价指标可操作性原则

本章节基于我国省级层面进行公共文化服务绩效评价，指标体系内容丰富、涉及面广。为保证指标体系的连贯性与可操作性，在资料收集过程中应做到两点。一是选取可量化指标。本章节运用实证研究法测算公共文化服务绩效水平，为避免给计算过程带来干扰，指标体系由虚拟变量及可量化指标构成。二是数据的可获得性。目前，我国尚未形成健全的数据统计与文化评价机制，为避免数据支持成本过高，本研究立足客观实际，以各类官方统计年鉴为数据源，这有助于揭示问题，提升多指标评价体系质量。

4. 评价指标可比性原则

利用绩效评价指标体系进行评估时，结果须满足可比性原则。可比性包含两方面内容。一是指标间的独立互斥，避免因重复性对测算结果产生误差。公共文化服务水平评价指标体系中的各项指标之间必须相互独立，同一层次的指标之间的相关性应保持很小，以减少各项指标之间的交叉重叠（于泽、朱学义，2014）。二是统计口径的一致性。本章节运用无量纲化的数据处理方式，消除不同统计单位对熵值法计算产生的影响，加强我国省级公共文化服务绩效在不同省份、不同时期间的可比性与解释力，进而寻求时间、空间序列上的共性与差异。

（三）绩效评价指标设计

1. 公共文化服务绩效评价的内容

本章节以《中华人民共和国公共文化服务保障法》及《2014年

全国 31 个省市自治区公共文化服务指数蓝皮书》为基础和导向，从供给与需求角度出发，结合我国公共文化服务实际，遵循上文中绩效评价分析框架与指标设计原则构建出科学、系统的公共文化服务绩效评价指标体系。涵盖了治理工具、治理主体、治理客体、治理效能、治理环境 5 个一级指标，政府政策、财政投入、硬件建设、软件投入等 12 个二级指标以及 54 个三级指标。综合考虑了人、财、物三方面影响因素，较为直观地反映出代表我国公共文化服务绩效的整体内容，便于后文绩效评价实证分析的展开。

公共文化服务治理工具模块主要以《中华人民共和国公共文化服务保障法》第一章"总则"为依据，通过收集、归纳我国省级行政区域内反映当地实际需求、财政能力和文化特色的基本公共文化服务政策数量，体现全国 31 个省、自治区、直辖市政府对公共文化服务发展的重视程度。

公共文化服务治理主体模块主要以《中华人民共和国公共文化服务保障法》第三章"公共文化服务提供"与《2014 年全国 31 个省市自治区公共文化服务指数蓝皮书》中公共文化服务核心指标分析专题为依据，包括财政投入、硬件建设、软件投入 3 个二级指标和 18 个三级指标。财政投入层面由文化事业费、公共文化机构财政拨款构成，硬件建设层面由"三馆一站"和其他公共文化机构数构成，软件投入层面由从业人员及专业技术人员数构成。本模块从供给角度直观地反映出公共文化服务的供给水平，财政投入越大、文化机构与参与人员越多，则说明公共文化服务基础建设越好。

公共文化服务治理客体模块主要以《中华人民共和国公共文化服务保障法》第四章"保障措施"为依据，包括公共文化需求、文化市场需求、人才队伍需求 3 个二级指标和 9 个三级指标。公共文化需求层面由文化机构产品与服务的需求量构成；文化市场需求层面由公民和法人等社会资本参与、成立公共文化服务领域的社会组织数量构成，如"动漫企业数"；人才队伍需求层面由群众文化机构培训情况、人员情况构成。本模块侧重从需求角度考察公共文化服务社会化、专业化发展情况，公共文化、文化市场、人才队伍类需求越多，则说明群众文化意识越强、文化需求越多，文化宣传建设工作越好。

公共文化服务治理效能模块主要以《中华人民共和国公共文化服务保障法》第四章"保障措施"为依据，包括供给效能和需求效能2个二级指标和15个三级指标。供给效能层面由文化事业财政支出、文化娱乐消费支出、各类公共文化机构收入情况构成；需求效能层面由公共文化机构需求现状构成，如"公共图书馆书刊文献外借册次"。本模块从供给与需求整体的角度直接体现公共文化服务绩效水平，公共文化机构"投入—产出"越均衡、群众文化需求与供给越对等，则公共文化服务效能越高。

公共文化服务治理环境模块包括经济环境、人口环境、文化环境3个二级指标和11个三级指标。其中，各地区经济发展水平采用GDP、人均GDP衡量；人口层面从总人口数、人口结构、受教育程度等方面进行考察；文化类指标为虚拟变量。本模块通过综合分析影响公共文化服务绩效的外在环境因素来评判公共文化服务的未来发展潜力，GDP、人口素质水平越高则公共文化服务发展前景越好。

另外，以上五个模块中的指标由正向指标和逆向指标共同构成。其中，正向指标与公共文化服务绩效呈正比关系，这些指标值越大评价结果就越好。例如，文化事业费财政投入越多，则公共文化服务绩效水平越高。逆向指标与公共文化服务绩效呈反比关系，数值越小评价结果就越好。本研究中，地区文化为虚拟变量，农村人口比重和文盲率为逆向指标，其他指标皆为正向指标。

2. 公共文化服务绩效评价指标体系

公共文化服务绩效评价的基础工作就是建立一套科学、合理、系统、可行性强的绩效评价指标体系。本研究以省级层面公共文化服务绩效评价为总目标，基于上述公共文化服务绩效评价指标体系基本维度的划分，依据指标体系的分析框架与设计原则，借鉴相关学者的研究成果、国内实践的评价指标，构建出本研究的公共文化服务绩效评价指标体系（如表6-1所示），并对各项具体指标的计算单位进行说明。

表6-1 我国省级公共文化服务绩效评价指标体系

模块名称	指标类型	指标名称	计算单位	指标码
治理工具	政府政策	省级政策数	部	X_1
治理主体	财政投入	文化事业费	万元	X_2
		公共图书馆财政拨款	万元	X_3
		艺术表演场馆财政拨款	万元	X_4
		群众文化机构财政拨款	万元	X_5
	硬件建设	公共图书馆机构数	个	X_6
		博物馆机构数	个	X_7
		文化馆机构数	个	X_8
		文化站机构数	个	X_9
		艺术表演团体机构数	个	X_{10}
		群众文化机构数	个	X_{11}
	软件投入	公共图书馆专业技术人员	人	X_{12}
		公共图书馆从业人员	人	X_{13}
		博物馆专业技术人员	人	X_{14}
		博物馆从业人员	人	X_{15}
		艺术表演团体专业技术人员	人	X_{16}
		艺术表演团体从业人员	人	X_{17}
		文物保护管理机构专业技术人员	人	X_{18}
		文物保护管理机构从业人员	人	X_{19}
治理客体	公共文化需求	公共图书馆总藏量	万册/万件	X_{20}
		公共图书馆阅览室座席数	个	X_{21}
		博物馆藏品数	件/套	X_{22}
		群众文化机构组织文化活动次数	次	X_{23}
	文化市场需求	动漫企业数	个	X_{24}
		网吧机构数	个	X_{25}
	人才队伍需求	群众文化机构培训人数	万人次	X_{26}
		群众文化机构专业技术人员	人	X_{27}
		群众文化机构从业人员	人	X_{28}

续表

模块名称	指标类型	指标名称	计算单位	指标码
治理效能	供给效能	文化事业费占财政支出比重	%	X_{29}
		居民人均文化娱乐消费支出	元	X_{30}
		城镇居民人均文化娱乐消费支出	元	X_{31}
		农村居民人均文化娱乐消费支出	元	X_{32}
		公共图书馆收入	万元	X_{33}
		博物馆收入	万元	X_{34}
		艺术表演团体收入	万元	X_{35}
		群众文化机构收入	万元	X_{36}
		文物保护管理机构收入	万元	X_{37}
	需求效能	公共图书馆总流通人数	万人次	X_{38}
		公共图书馆书刊文献外借册次	万册次	X_{39}
		博物馆参观人数	万人次	X_{40}
		乡镇文化站文化服务惠及人数	万人次	X_{41}
		艺术表演团体国内演出观众人数	万人次	X_{42}
		文物保护管理机构参观人数	万人次	X_{43}
治理环境	经济环境	GDP	亿元	X_{44}
		人均GDP	万元	X_{45}
	人口环境	总人口数	万人	X_{46}
		城镇人口比重	%	X_{47}
		农村人口比重	%	X_{48}
		性别比	%	X_{49}
		文盲率（文盲人口占15岁及以上人口的比重）	%	X_{50}
		0~14岁人口	人	X_{51}
		15~64岁人口	人	X_{52}
		65岁及以上人口	人	X_{53}
	文化环境	地区文化	（虚拟变量）	X_{54}

注："省级政策数"指标既可视为治理工具模块指标，又可视为治理环境模块的政策环境指标。

本研究的公共文化服务绩效评价指标体系具备代表性和数据可获得性，系统、整体地筛选出契合本研究的各类指标，有利于从宏观角度完善我国公共服务绩效评价领域的相关研究。

三 实证分析结果

（一）我国省级公共文化服务绩效评价指标权重的确定

1. 构建原始矩阵

本研究选取全国 31 个省、自治区、直辖市作为研究样本，结合 2016~2020 年"十三五"期间的面板数据构建出我国省级公共文化服务绩效评价原始矩阵，其中地区文化为虚拟变量，不纳入本计算过程。2020 年部分基础数据如表 6-2 所示。

表 6-2 2020 年我国省级公共文化服务绩效评价基础数据（部分）

	X_1	X_2	X_3	X_4	X_5	X_6	X_7	X_8
北京	463029	73607	55720.1	90416	23	80	20	336
天津	133272	48730	1082	22687	27	71	17	245
河北	353883	42593	12686.6	60558	176	148	180	2278
山西	274503	36189	7131.5	38566	128	159	130	1411
内蒙古	295807	37436	3853.6	49160	117	172	120	1085
辽宁	179199	44701	8032.2	37244	129	65	123	1354
吉林	207929	31270	4704.7	48171	66	107	79	910
黑龙江	210064	27606	4384.7	45056	103	191	142	1245
上海	483672	188139	55387.3	188673	23	107	24	218
江苏	860604	128116	31129.2	191884	120	367	116	1255
浙江	850347	132525	30965	272241	104	406	102	1344
安徽	225055	40791	6836.1	60272	131	230	123	1505
福建	335728	62688	9210.9	58938	97	132	98	1122
江西	230014	34008	7553.8	53031	114	172	120	1739

续表

	X_1	X_2	X_3	X_4	X_5	X_6	X_7	X_8
山东	503101	75597	19467.4	105075	154	577	158	1821
河南	332758	52687	8704.4	82680	166	336	205	2478
湖北	432862	57305	5230.6	82753	117	214	125	1299
湖南	347866	45329	12950.1	85641	143	122	146	2233
广东	1107240	235388	29947.4	373343	148	296	144	1619
广西	322285	39641	124.7	62194	116	142	125	1175
海南	82829	24580	7795	17706	24	35	23	219
重庆	230720	32578	3697.5	84487	43	105	41	1030
四川	520403	62218	4580.8	133428	207	258	207	4231
贵州	246931	39127	977	97670	100	92	99	1602
云南	353527	49667	1489.2	106444	149	161	149	1454
西藏	112986	8994	17.5	48774	81	8	82	697
陕西	265389	32977	7882.4	60588	117	309	122	1361
甘肃	184417	27046	1650.7	56877	104	226	104	1346
青海	114591	11784	150	28137	50	24	54	388
宁夏	94306	11266	231.6	20477	27	54	27	245
新疆	275083	19024	5835.2	53364	107	81	116	1121

在表 6-2 中，对 2020 年 $X_1 \sim X_8$ 的基础数据进行了展示。对照指标体系可以看出，其中 X_2 表示文化事业费，2020 年北京市的文化事业费为 73607 万元，广东省的文化事业费最多，达到了 235388 万元。

2. 数据的预处理

根据公式（6-2）和公式（6-3）中正向与逆向指标的数据预处理方式，可实现指标的标准、规格化，便于后续数据处理。2020 年部分经过预处理的数据如表 6-3 所示。

表6-3　2020年我国省级公共文化服务绩效评价指标数值预处理结果（部分）

	X_1'	X_2'	X_3'	X_4'	X_5'	X_6'	X_7'	X_8'
北京	0.3712	0.2855	1.0001	0.2046	0.0001	0.1266	0.0159	0.0295
天津	0.0493	0.1756	0.0192	0.0141	0.0218	0.1108	0.0001	0.0068
河北	0.2647	0.1485	0.2275	0.1206	0.8316	0.2461	0.8580	0.5134
山西	0.1872	0.1202	0.1278	0.0588	0.5708	0.2655	0.5948	0.2974
内蒙古	0.2080	0.1257	0.0690	0.0885	0.5110	0.2883	0.5422	0.2161
辽宁	0.0942	0.1578	0.1440	0.0550	0.5762	0.1003	0.5580	0.2832
吉林	0.1222	0.0985	0.0842	0.0858	0.2338	0.1741	0.3264	0.1725
黑龙江	0.1243	0.0823	0.0785	0.0770	0.4349	0.3217	0.6580	0.2560
上海	0.3914	0.7914	0.9941	0.4808	0.0001	0.1741	0.0369	0.0001
江苏	0.7593	0.5263	0.5586	0.4899	0.5273	0.6310	0.5212	0.2585
浙江	0.7493	0.5457	0.5557	0.7158	0.4403	0.6996	0.4475	0.2807
安徽	0.1389	0.1405	0.1225	0.1198	0.5871	0.3903	0.5580	0.3208
福建	0.2470	0.2373	0.1651	0.1160	0.4023	0.2180	0.4264	0.2254
江西	0.1438	0.1106	0.1354	0.0994	0.4947	0.2883	0.5422	0.3791
山东	0.4104	0.2943	0.3493	0.2458	0.7121	1.0001	0.7422	0.3996
河南	0.2441	0.1931	0.1561	0.1828	0.7773	0.5765	0.9896	0.5633
湖北	0.3418	0.2135	0.0937	0.1830	0.5110	0.3621	0.5685	0.2695
湖南	0.2588	0.1606	0.2323	0.1911	0.6523	0.2005	0.6790	0.5022
广东	1.0001	1.0001	0.5374	1.0001	0.6794	0.5063	0.6685	0.3492
广西	0.2338	0.1355	0.0020	0.1252	0.5055	0.2356	0.5685	0.2386
海南	0.0001	0.0689	0.1397	0.0001	0.0055	0.0476	0.0317	0.0003
重庆	0.1445	0.1043	0.0662	0.1879	0.1088	0.1706	0.1264	0.2024
四川	0.4272	0.2352	0.0820	0.3255	1.0001	0.4395	1.0001	1.0001
贵州	0.1603	0.1332	0.0173	0.2249	0.4186	0.1477	0.4317	0.3450
云南	0.2643	0.1798	0.0265	0.2496	0.6849	0.2690	0.6948	0.3081
西藏	0.0295	0.0001	0.0001	0.0875	0.3153	0.0001	0.3422	0.1195
陕西	0.1783	0.1060	0.1413	0.1207	0.5110	0.5291	0.5527	0.2849
甘肃	0.0993	0.0798	0.0294	0.1102	0.4403	0.3832	0.4580	0.2812
青海	0.0311	0.0124	0.0025	0.0294	0.1468	0.0282	0.1948	0.0425
宁夏	0.0113	0.0101	0.0039	0.0079	0.0218	0.0809	0.0527	0.0068
新疆	0.1878	0.0444	0.1045	0.1004	0.4566	0.1284	0.5212	0.2251

在表 6-3 中，反映了 2020 年 $X_1 \sim X_8$ 的标准化数据。对照指标体系可以看出，其中 X_2 表示文化事业费经过预处理后的数值，2020 年北京文化事业费预处理后的数值为 0.2855。

3. 熵值与差异性系数的计算

运用预处理后的数据根据公式（6-4）计算出各指标特征比重（h），运用特征比重根据公式（6-5）计算出我国省级公共文化服务各模块三级绩效评价指标的熵值（e_j），运用熵值根据公式（6-6）可得出差异性系数（g_j）。2016~2020 年我国省级公共文化服务绩效评价指标的熵值及差异性系数如表 6-4 所示。通过差异性系数判断指标的离散程度，离散程度越高，则该指标对综合评价的影响就越大。

在表 6-4 中，反映了 2016~2020 年我国省级公共文化服务绩效评价指标的熵值及差异性系数。我们可以看出，2020 年文化事业费这一指标的熵值和差异性系数分别为 0.9007 和 0.0993。

4. 确定权重系数

运用各指标差异性系数，根据公式（6-7）计算各三级指标权重，为后文中公共文化服务各模块治理绩效发展指数与综合治理绩效发展指数的计算提供数据支撑。其中，各二级指标权重系数为相应三级指标权重系数值累加之和，各一级指标权重系数为该模块二级指标权重系数值累加之和，五项一级指标权重系数总和为 1。2016~2020 年我国省级公共文化服务绩效评价三级指标权重系数（W_j）如表 6-5 所示。

在表 6-5 中，反映了 2016~2020 年我国省级公共文化服务绩效评价三级指标的权重系数。其中，2020 年艺术表演团体国内演出观众人数所占权重最大，权重值为 0.0390，文盲率所占权重最小，权重值为 0.0022。

表 6-4　2016～2020 年我国省级公共文化服务绩效评价指标的熵值及差异性系数

模块	指标	2016 年 e_j	2016 年 g_j	2017 年 e_j	2017 年 g_j	2018 年 e_j	2018 年 g_j	2019 年 e_j	2019 年 g_j	2020 年 e_j	2020 年 g_j
治理主体	文化事业费	0.9093	0.0907	0.9174	0.0826	0.9017	0.0983	0.9041	0.0959	0.9007	0.0993
	公共图书馆财政拨款	0.9127	0.0873	0.8876	0.1124	0.8978	0.1022	0.8952	0.1048	0.8805	0.1195
	艺术表演场馆财政拨款	0.7995	0.2005	0.8137	0.1863	0.8190	0.1810	0.8200	0.1800	0.8167	0.1833
	群众文化机构财政拨款	0.9096	0.0904	0.8942	0.1058	0.8906	0.1094	0.8905	0.1095	0.8728	0.1272
	博物馆机构数	0.9331	0.0669	0.9326	0.0674	0.9324	0.0676	0.9323	0.0677	0.9312	0.0688
	文化馆机构数	0.9148	0.0852	0.9259	0.0741	0.9264	0.0736	0.9254	0.0746	0.9239	0.0761
	文化站机构数	0.9361	0.0639	0.9361	0.0639	0.9397	0.0603	0.9393	0.0607	0.9394	0.0606
	艺术表演团体机构数	0.9148	0.0852	0.9152	0.0848	0.9151	0.0849	0.9158	0.0842	0.9173	0.0827
	群众文化机构数	0.8567	0.1433	0.8311	0.1689	0.8027	0.1973	0.8427	0.1573	0.8496	0.1504
	公共图书馆专业技术人员	0.9163	0.0837	0.9165	0.0835	0.9164	0.0836	0.9172	0.0828	0.9186	0.0814
	公共图书馆从业人员	0.9514	0.0486	0.9494	0.0506	0.9501	0.0499	0.9484	0.0516	0.9464	0.0536
	博物馆专业技术人员	0.9443	0.0557	0.9437	0.0563	0.9444	0.0556	0.9422	0.0578	0.9407	0.0593
	博物馆从业人员	0.9252	0.0748	0.9367	0.0633	0.9375	0.0625	0.9339	0.0661	0.9362	0.0638
	艺术表演团体专业技术人员	0.9033	0.0967	0.9246	0.0754	0.9237	0.0763	0.9228	0.0772	0.9277	0.0723
	艺术表演团体从业人员	0.9097	0.0903	0.9087	0.0913	0.9081	0.0919	0.8967	0.1033	0.8962	0.1038
	文物保护管理机构专业技术人员	0.8842	0.1158	0.8664	0.1336	0.8563	0.1437	0.8632	0.1368	0.8653	0.1347
	文物保护管理机构从业人员	0.8724	0.1276	0.8762	0.1238	0.8799	0.1201	0.8888	0.1112	0.8681	0.1319
		0.8422	0.1578	0.8452	0.1548	0.8433	0.1567	0.8484	0.1516	0.8526	0.1474

续表

模块	指标	2016年 e_j	2016年 g_j	2017年 e_j	2017年 g_j	2018年 e_j	2018年 g_j	2019年 e_j	2019年 g_j	2020年 e_j	2020年 g_j
治理客体	公共图书馆总藏量	0.9151	0.0849	0.9127	0.0873	0.9099	0.0901	0.9092	0.0908	0.9094	0.0906
	公共图书馆阅览室座席数	0.9340	0.0660	0.9389	0.0611	0.9349	0.0651	0.9344	0.0656	0.9346	0.0654
	博物馆藏品数	0.8680	0.1320	0.8646	0.1354	0.8728	0.1272	0.8681	0.1319	0.8710	0.1290
	群众文化机构组织文化活动次数	0.9251	0.0749	0.9277	0.0723	0.9218	0.0782	0.9138	0.0862	0.9042	0.0958
	动漫企业数	0.8666	0.1334	0.8605	0.1395	0.8453	0.1547	0.8423	0.1577	0.8582	0.1418
	网吧机构数	0.9141	0.0859	0.8958	0.1042	0.8867	0.1133	0.8772	0.1228	0.8774	0.1226
	群众文化机构培训人次	0.9024	0.0976	0.9040	0.0960	0.9030	0.0970	0.8871	0.1129	0.8691	0.1309
	群众文化机构专业技术人员	0.9428	0.0572	0.9486	0.0514	0.9500	0.0500	0.9492	0.0508	0.9482	0.0518
	群众文化机构从业人员	0.9510	0.0490	0.9497	0.0503	0.9503	0.0497	0.9479	0.0521	0.9502	0.0498
	文化事业费占财政支出比重	0.9390	0.0610	0.9484	0.0516	0.9393	0.0607	0.9318	0.0682	0.9405	0.0595
	居民人均文化娱乐消费支出	0.9299	0.0701	0.9276	0.0724	0.9280	0.0720	0.9244	0.0756	0.9418	0.0582
	城镇居民人均文化娱乐消费支出	0.9345	0.0655	0.9367	0.0633	0.9301	0.0699	0.9300	0.0700	0.9164	0.0836
	农村居民人均文化娱乐消费支出	0.9593	0.0407	0.9553	0.0447	0.9508	0.0492	0.9464	0.0536	0.9645	0.0355
治理效能	公共图书馆收入	0.9127	0.0873	0.8880	0.1120	0.8996	0.1004	0.8965	0.1035	0.8760	0.1240
	博物馆收入	0.9104	0.0896	0.8815	0.1185	0.8747	0.1253	0.8870	0.1130	0.8976	0.1024
	艺术表演团体收入	0.8936	0.1064	0.8920	0.1080	0.8866	0.1134	0.9066	0.0934	0.9244	0.0756
	群众文化机构收入	0.9069	0.0931	0.8923	0.1077	0.8869	0.1131	0.8910	0.1090	0.8716	0.1284
	文物保护管理机构收入	0.8136	0.1864	0.8172	0.1828	0.8346	0.1654	0.8376	0.1624	0.8398	0.1602
	公共图书馆总流通人次	0.8713	0.1287	0.8782	0.1218	0.8778	0.1222	0.8688	0.1312	0.8361	0.1639
	公共图书馆书刊文献外借册次	0.8624	0.1376	0.8837	0.1163	0.8844	0.1156	0.8778	0.1222	0.8422	0.1578
	博物馆参观人数	0.9049	0.0951	0.9188	0.0812	0.9176	0.0824	0.9189	0.0811	0.9088	0.0912
	乡镇文化站文化服务惠及人数	0.8856	0.1144	0.8577	0.1423	0.8843	0.1157	0.8779	0.1221	0.8752	0.1248
	艺术表演团体国内演出观众人数	0.7310	0.2690	0.7797	0.2203	0.7843	0.2157	0.8161	0.1839	0.8085	0.1915
	文物保护管理机构参观人数	0.8277	0.1723	0.8191	0.1809	0.8230	0.1770	0.8137	0.1863	0.8202	0.1798

续表

模块	指标	2016年 e_j	2016年 g_j	2017年 e_j	2017年 g_j	2018年 e_j	2018年 g_j	2019年 e_j	2019年 g_j	2020年 e_j	2020年 g_j
治理环境	省级政策数	0.9227	0.0773	0.8890	0.1110	0.8531	0.1469	0.8705	0.1295	0.9323	0.0677
	GDP	0.9095	0.0905	0.9068	0.0932	0.9065	0.0935	0.9026	0.0974	0.9017	0.0983
	人均GDP	0.9014	0.0986	0.9096	0.0904	0.9085	0.0915	0.9023	0.0977	0.9045	0.0955
	总人口数	0.9284	0.0716	0.9280	0.0720	0.9276	0.0724	0.9272	0.0728	0.9224	0.0776
	城镇人口比重	0.9704	0.0296	0.9718	0.0282	0.9737	0.0263	0.9751	0.0249	0.9749	0.0251
	性别比	0.9739	0.0261	0.9648	0.0352	0.9752	0.0248	0.9839	0.0161	0.9676	0.0324
	文盲率	0.9896	0.0104	0.9895	0.0105	0.9894	0.0106	0.9891	0.0109	0.9892	0.0108
	15~64岁人口	0.9305	0.0695	0.9302	0.0698	0.9309	0.0691	0.9303	0.0697	0.9248	0.0752

表 6-5 2016~2020 年我国省级公共文化服务绩效评价三级指标权重系数

模块	指标	2016 年 W_j	2017 年 W_j	2018 年 W_j	2019 年 W_j	2020 年 W_j
治理主体	文化事业费	0.0191	0.0172	0.0202	0.0198	0.0202
	公共图书馆财政拨款	0.0184	0.0234	0.0210	0.0217	0.0243
	艺术表演场馆财政拨款	0.0423	0.0387	0.0371	0.0372	0.0373
	群众文化机构财政拨款	0.0191	0.0220	0.0224	0.0226	0.0259
	公共图书馆机构数	0.0141	0.0140	0.0139	0.0140	0.0140
	博物馆机构数	0.0180	0.0154	0.0151	0.0154	0.0155
	文化馆机构数	0.0135	0.0133	0.0124	0.0125	0.0123
	文化站机构数	0.0180	0.0176	0.0174	0.0174	0.0168
	艺术表演团体机构数	0.0303	0.0351	0.0405	0.0325	0.0306
	群众文化机构数	0.0177	0.0174	0.0172	0.0171	0.0166
	公共图书馆专业技术人员	0.0103	0.0105	0.0102	0.0107	0.0109
	公共图书馆从业人员	0.0118	0.0117	0.0114	0.0119	0.0121
	博物馆专业技术人员	0.0158	0.0132	0.0128	0.0137	0.0130
	博物馆从业人员	0.0204	0.0157	0.0157	0.0160	0.0147
	艺术表演团体专业技术人员	0.0191	0.0190	0.0188	0.0213	0.0211
	艺术表演团体从业人员	0.0244	0.0278	0.0295	0.0283	0.0274
	文物保护管理机构专业技术人员	0.0269	0.0257	0.0246	0.0230	0.0268
	文物保护管理机构从业人员	0.0333	0.0322	0.0321	0.0313	0.0300
治理客体	公共图书馆总藏量	0.0179	0.0182	0.0185	0.0188	0.0184
	公共图书馆阅览室座席数	0.0139	0.0127	0.0133	0.0136	0.0133
	博物馆藏品数	0.0279	0.0281	0.0261	0.0273	0.0262
	群众文化机构组织文化活动次数	0.0158	0.0150	0.0160	0.0178	0.0195
	动漫企业数	0.0282	0.0290	0.0317	0.0326	0.0289
	网吧机构数	0.0181	0.0217	0.0233	0.0254	0.0250
	群众文化机构培训人数	0.0206	0.0199	0.0199	0.0233	0.0266
	群众文化机构专业技术人员	0.0121	0.0107	0.0103	0.0105	0.0105
	群众文化机构从业人员	0.0103	0.0105	0.0102	0.0108	0.0101

续表

模块	指标	2016 年 W_j	2017 年 W_j	2018 年 W_j	2019 年 W_j	2020 年 W_j
治理效能	文化事业费占财政支出比重	0.0129	0.0107	0.0125	0.0141	0.0121
	居民人均文化娱乐消费支出	0.0148	0.0151	0.0148	0.0156	0.0118
	城镇居民人均文化娱乐消费支出	0.0138	0.0131	0.0143	0.0145	0.0170
	农村居民人均文化娱乐消费支出	0.0086	0.0093	0.0101	0.0111	0.0072
	公共图书馆收入	0.0184	0.0233	0.0206	0.0214	0.0252
	博物馆收入	0.0189	0.0246	0.0257	0.0233	0.0208
	艺术表演团体收入	0.0225	0.0224	0.0233	0.0193	0.0154
	群众文化机构收入	0.0197	0.0224	0.0232	0.0225	0.0261
	文物保护管理机构收入	0.0393	0.0380	0.0339	0.0336	0.0326
	公共图书馆总流通人数	0.0272	0.0253	0.0251	0.0271	0.0334
	公共图书馆书刊文献外借册次	0.0290	0.0242	0.0237	0.0252	0.0321
	博物馆参观人数	0.0201	0.0169	0.0169	0.0168	0.0186
	乡镇文化站文化服务惠及人数	0.0242	0.0296	0.0237	0.0252	0.0254
	艺术表演团体国内演出观众人数	0.0568	0.0458	0.0443	0.0380	0.0390
	文物保护管理机构参观人数	0.0364	0.0376	0.0363	0.0385	0.0366
治理环境	省级政策数	0.0163	0.0231	0.0301	0.0268	0.0138
	GDP	0.0191	0.0194	0.0192	0.0201	0.0200
	人均 GDP	0.0208	0.0188	0.0188	0.0202	0.0194
	总人口数	0.0151	0.0150	0.0149	0.0150	0.0158
	城镇人口比重	0.0062	0.0059	0.0054	0.0052	0.0051
	性别比	0.0055	0.0073	0.0051	0.0033	0.0066
	文盲率	0.0022	0.0022	0.0022	0.0022	0.0022
	15~64 岁人口	0.0147	0.0145	0.0142	0.0144	0.0153

（二）基于熵值法的绩效评价结果分析

基于上述计算所得指标权重，将公式（6-7）得到的指标权重

W_j 代入公式（6-8）中，得出 2016~2020 年四大评价模块的绩效发展指数，如表 6-6、表 6-7、表 6-8、表 6-9 所示，并结合五年内均值（见图 6-1、图 6-2、图 6-3、图 6-4）分别从治理主体、治理客体、治理效能与治理环境模块对我国 31 个省、自治区、直辖市公共文化服务治理绩效水平进行比较分析。

1. 公共文化服务治理主体分析

表 6-6　2016~2020 年我国省级公共文化服务治理主体模块绩效发展指数及均值排名

地区	2016 年	2017 年	2018 年	2019 年	2020 年	均值排名
北京	0.1209	0.1226	0.1265	0.1106	0.1115	11
天津	0.0255	0.0277	0.0266	0.0269	0.0220	28
河北	0.1753	0.1693	0.1496	0.1630	0.1570	6
山西	0.1277	0.1254	0.1296	0.1264	0.1211	10
内蒙古	0.0886	0.0841	0.0827	0.0828	0.0814	18
辽宁	0.1012	0.1011	0.0848	0.0985	0.0803	16
吉林	0.0498	0.0501	0.0484	0.0498	0.0500	26
黑龙江	0.0797	0.0749	0.0694	0.0698	0.0613	22
上海	0.0848	0.0965	0.0922	0.1168	0.1183	14
江苏	0.1630	0.1619	0.1551	0.1578	0.1609	8
浙江	0.2411	0.2293	0.2369	0.2364	0.2219	1
安徽	0.1478	0.1463	0.1517	0.1425	0.1324	9
福建	0.0804	0.0744	0.0779	0.0770	0.0811	20
江西	0.0838	0.0787	0.0778	0.1011	0.0799	17
山东	0.2073	0.1972	0.1961	0.2083	0.2175	3
河南	0.1939	0.2119	0.2165	0.2171	0.2125	2
湖北	0.1111	0.1113	0.1114	0.1075	0.0994	13
湖南	0.1138	0.1107	0.1060	0.1079	0.1081	12
广东	0.1715	0.1719	0.1832	0.1818	0.1880	4
广西	0.0673	0.0643	0.0613	0.0616	0.0627	23
海南	0.0074	0.0073	0.0076	0.0092	0.0136	31
重庆	0.0632	0.0713	0.0792	0.0761	0.0705	21

续表

地区	2016年	2017年	2018年	2019年	2020年	均值排名
四川	0.1904	0.1804	0.1754	0.1732	0.1680	5
贵州	0.0550	0.0565	0.0517	0.0570	0.0583	24
云南	0.0972	0.1010	0.0983	0.0981	0.0976	15
西藏	0.0305	0.0319	0.0251	0.0284	0.0344	27
陕西	0.1639	0.1581	0.1658	0.1676	0.1519	7
甘肃	0.0765	0.0790	0.0835	0.0760	0.0796	19
青海	0.0120	0.0100	0.0104	0.0128	0.0128	30
宁夏	0.0111	0.0124	0.0142	0.0123	0.0108	29
新疆	0.0573	0.0544	0.0530	0.0537	0.0509	25

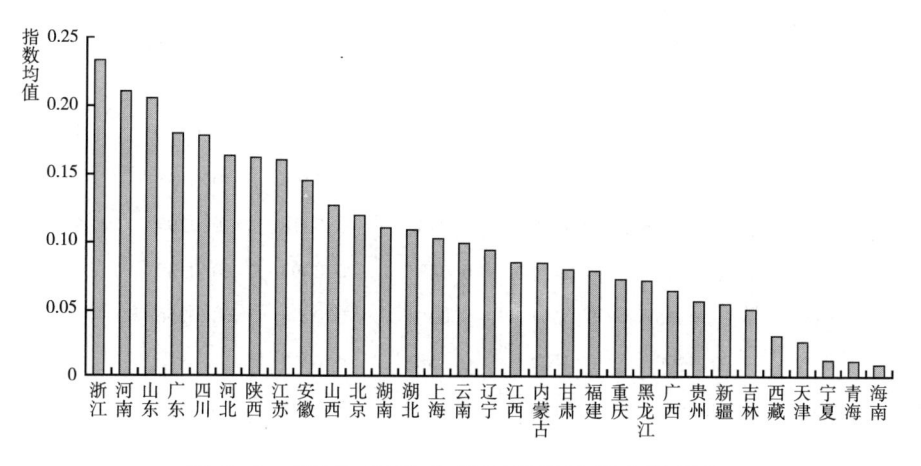

图6-1 2016~2020年我国省级治理主体模块绩效发展指数均值

首先，根据各地区治理主体模块绩效发展指数的均值排名来看，浙江省高居第一，五年内绩效发展指数均大于0.22。均值排名前五的其他地区依次是河南、山东、广东、四川，五年内绩效发展指数居于0.16~0.22，公共文化服务供给较为充足。我国人口由西部向东部地区流动，因此排名在前五位的省份以东部地区为主，且均为人口大省。其次，绩效发展指数均值排名在后三位的地区分别为宁夏、青海、海南，五年内绩效发展指数居于0.007~0.015，排名靠后的以西部地区为主，且人口较少，因此须加大对公共文化服务人、财、物的投入。除此之外，通过分析五年数据发现，上海、重庆等地区的绩效发展指数有增长态势，说明这些省份正逐渐加强公共文化服务建设，具有一定的发展潜力，而辽宁、黑龙江等地区有下降趋势，须进一步加强公共文化服务建设。

2. 公共文化服务治理客体分析

表6-7 2016~2020年我国省级公共文化服务治理客体模块绩效发展指数及均值排名

地区	2016年	2017年	2018年	2019年	2020年	均值排名
北京	0.0585	0.0625	0.0654	0.0671	0.0615	10
天津	0.0213	0.0197	0.0209	0.0211	0.0220	27
河北	0.0487	0.0462	0.0423	0.0472	0.0479	14
山西	0.0397	0.0414	0.0419	0.0409	0.0431	18
内蒙古	0.0330	0.0328	0.0338	0.0318	0.0297	22
辽宁	0.0537	0.0474	0.0437	0.0397	0.0339	16
吉林	0.0376	0.0307	0.0301	0.0294	0.0255	25
黑龙江	0.0399	0.0404	0.0386	0.0361	0.0316	19
上海	0.0875	0.0758	0.0739	0.0748	0.0640	6
江苏	0.1114	0.1205	0.1247	0.1270	0.1289	2
浙江	0.1019	0.1074	0.1064	0.1101	0.1095	4
安徽	0.0573	0.0608	0.0636	0.0641	0.0629	11
福建	0.0450	0.0484	0.0461	0.0457	0.0434	15
江西	0.0419	0.0445	0.0420	0.0387	0.0402	17
山东	0.1042	0.1071	0.1085	0.1221	0.1235	3
河南	0.0712	0.0779	0.0708	0.0726	0.0785	7
湖北	0.0665	0.0643	0.0616	0.0608	0.0632	9
湖南	0.0678	0.0678	0.0664	0.0652	0.0645	8

续表

地区	2016 年	2017 年	2018 年	2019 年	2020 年	均值排名
广东	0.1241	0.1188	0.1220	0.1261	0.1337	1
广西	0.0386	0.0373	0.0364	0.0356	0.0345	20
海南	0.0027	0.0023	0.0027	0.0037	0.0029	30
重庆	0.0346	0.0362	0.0358	0.0358	0.0349	21
四川	0.0974	0.1009	0.0986	0.0910	0.0939	5
贵州	0.0296	0.0311	0.0304	0.0334	0.0311	24
云南	0.0568	0.0571	0.0537	0.0547	0.0491	13
西藏	0.0082	0.0092	0.0109	0.0123	0.0146	28
陕西	0.0498	0.0608	0.0585	0.0583	0.0579	12
甘肃	0.0274	0.0268	0.0270	0.0263	0.0265	26
青海	0.0033	0.0024	0.0025	0.0024	0.0030	31
宁夏	0.0087	0.0101	0.0101	0.0088	0.0082	29
新疆	0.0386	0.0331	0.0313	0.0310	0.0250	23

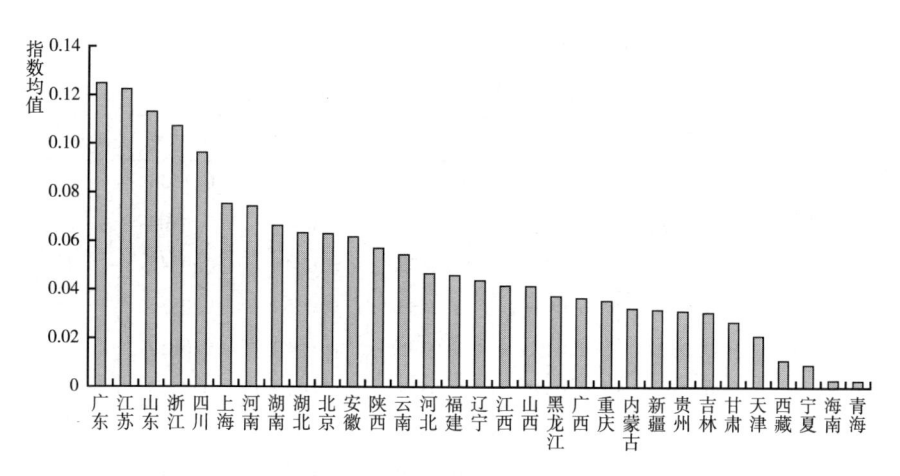

图 6-2 2016~2020 年我国省级治理客体模块绩效发展指数均值

首先，从各地区五年内治理客体模块绩效发展指数的均值排名来看，广东省居全国榜首，五年内绩效发展指数均大于 0.11，且较为稳定；江苏、山东、浙江、四川排名位于前五，五年内绩效发展指数居于 0.09~0.13，说明这些省份具备开放的发展理念，且群众的文化热情较高、文化服务活动参与意识较强。其次，排名后三的省份分别为宁夏、海南、青海，五年内绩效发展指数居于0.002~0.011。除此之外，通过分析五年数据发现，北京、山西、安徽、贵州、西藏、陕西等地区的绩效发展指数有上升趋势，而辽宁、吉林、新疆等地区有下降趋势。最后，结合治理主体的供给视角对比文化需求，2016~2020年上海市与广东省在治理主体模块的绩效发展指数均值排名分别为第十四名和第四名，而上海市在治理客体模块为第六名，广东省则跃居第一名，表明这两个省市的群众对文化需求较高，公共文化服务供需不平衡。原因是西部地区人口流出，需求转嫁到东部地区，加之上海市与广东省重视高端人才的引入，近年来文化需求不断增大。

3. 公共文化服务治理效能分析

表6-8　2016~2020年我国省级公共文化服务治理效能模块绩效发展指数及均值排名

地区	2016年	2017年	2018年	2019年	2020年	均值排名
北京	0.1145	0.1263	0.1244	0.1332	0.1354	6
天津	0.0380	0.0428	0.0472	0.0465	0.0404	23
河北	0.0748	0.0780	0.0832	0.0841	0.0845	13
山西	0.0641	0.0633	0.0733	0.0754	0.0836	14
内蒙古	0.0502	0.0495	0.0496	0.0482	0.0517	20
辽宁	0.0626	0.0542	0.0537	0.0575	0.0478	18
吉林	0.0329	0.0298	0.0318	0.0343	0.0269	26
黑龙江	0.0360	0.0307	0.0290	0.0295	0.0313	25
上海	0.1489	0.1274	0.1239	0.1399	0.1230	5
江苏	0.1465	0.1427	0.1524	0.1564	0.1966	3
浙江	0.2885	0.2921	0.2979	0.2958	0.2789	1
安徽	0.1104	0.0996	0.1027	0.0888	0.0886	10
福建	0.0626	0.0627	0.0737	0.0800	0.0767	15
江西	0.0484	0.0467	0.0466	0.0513	0.0712	19
山东	0.1308	0.1239	0.1286	0.1303	0.1762	4

续表

地区	2016 年	2017 年	2018 年	2019 年	2020 年	均值排名
河南	0.1046	0.1085	0.1206	0.1370	0.1378	7
湖北	0.0806	0.0762	0.0928	0.0918	0.0888	12
湖南	0.0888	0.0861	0.0903	0.0934	0.1132	11
广东	0.1623	0.1532	0.1723	0.1862	0.1846	2
广西	0.0490	0.0422	0.0455	0.0436	0.0490	22
海南	0.0187	0.0241	0.0170	0.0260	0.0192	30
重庆	0.0578	0.0544	0.0619	0.0581	0.0615	17
四川	0.1157	0.1056	0.1098	0.1095	0.1178	9
贵州	0.0345	0.0423	0.0321	0.0336	0.0416	24
云南	0.0664	0.0594	0.0676	0.0792	0.0672	16
西藏	0.0152	0.0290	0.0353	0.0215	0.0281	29
陕西	0.1109	0.1142	0.1266	0.1086	0.1075	8
甘肃	0.0451	0.0465	0.0501	0.0482	0.0513	21
青海	0.0194	0.0166	0.0152	0.0219	0.0169	31
宁夏	0.0269	0.0228	0.0280	0.0272	0.0244	28
新疆	0.0386	0.0304	0.0288	0.0300	0.0275	27

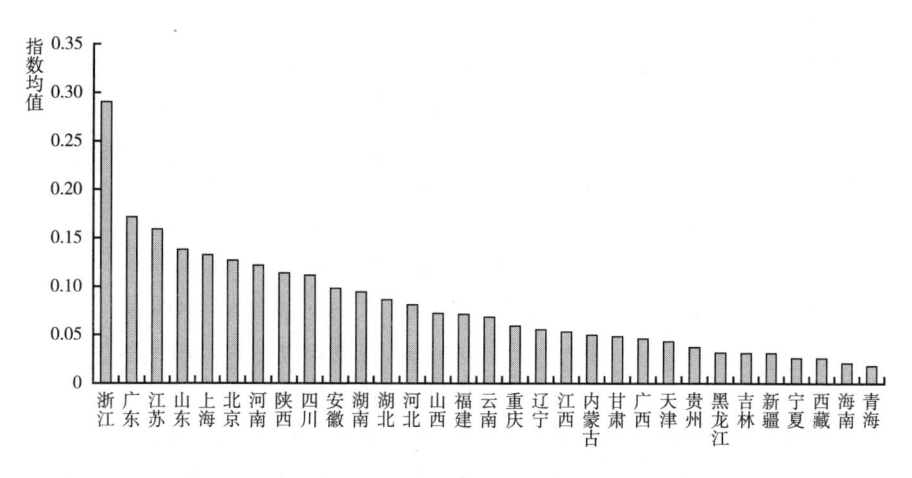

图 6-3 2016~2020 年我国省级治理效能模块绩效发展指数均值

首先，五年内治理效能模块绩效发展指数均值排名第一的是浙江省，五年内绩效发展指数均大于 0.27，排名前五的其他地区依次为广东、江苏、山东、上海，五年内绩效发展指数居于 0.12~0.20，且较为稳定，可以发现，东部地区依旧领先。同时，北京市和河南省凭借雄厚的经济基础、较好的文化底蕴，治理效能绩效发展指数排名分别为第六名和第七名，且通过分析五年数据发现，北京、天津、河北等多个地区绩效发展指数有上升趋势，仅有辽宁与安徽呈下降趋势，整体来说发展势头较好。其次，西藏、海南、青海三省排名靠后，五年内治理效能绩效发展指数居于 0.015~0.036，属于发展较为落后的地区。

4. 公共文化服务治理环境分析

表6-9　2016~2020年我国省级公共文化服务治理环境
模块绩效发展指数及均值排名

地区	2016年	2017年	2018年	2019年	2020年	均值排名
北京	0.0543	0.0501	0.0569	0.0444	0.0441	6
天津	0.0373	0.0557	0.0398	0.0333	0.0295	14
河北	0.0422	0.0460	0.0416	0.0335	0.0376	13
山西	0.0277	0.0258	0.0475	0.0330	0.0290	19
内蒙古	0.0469	0.0343	0.0239	0.0272	0.0320	18
辽宁	0.0345	0.0324	0.0453	0.0330	0.0367	15
吉林	0.0270	0.0317	0.0369	0.0289	0.0253	23
黑龙江	0.0352	0.0400	0.0381	0.0252	0.0240	20
上海	0.0444	0.0467	0.0601	0.0407	0.0450	7
江苏	0.0698	0.0680	0.0619	0.0693	0.0665	2
浙江	0.0525	0.0556	0.0748	0.0477	0.0489	4
安徽	0.0373	0.0317	0.0458	0.0592	0.0401	11
福建	0.0403	0.0398	0.0492	0.0415	0.0451	10
江西	0.0307	0.0363	0.0253	0.0402	0.0275	21
山东	0.0696	0.0709	0.0661	0.0503	0.0543	3
河南	0.0527	0.0601	0.0638	0.0435	0.0455	5
湖北	0.0449	0.0439	0.0409	0.0429	0.0373	12
湖南	0.0428	0.0456	0.0409	0.0432	0.0441	9

续表

地区	2016 年	2017 年	2018 年	2019 年	2020 年	均值排名
广东	0.0683	0.0763	0.0686	0.0803	0.0671	1
广西	0.0303	0.0386	0.0334	0.0287	0.0274	22
海南	0.0158	0.0162	0.0339	0.0126	0.0142	29
重庆	0.0282	0.0331	0.0265	0.0497	0.0305	17
四川	0.0450	0.0408	0.0399	0.0453	0.0522	8
贵州	0.0185	0.0342	0.0178	0.0212	0.0249	25
云南	0.0315	0.0224	0.0218	0.0298	0.0258	24
西藏	0.0082	0.0191	0.0070	0.0083	0.0038	31
陕西	0.0343	0.0387	0.0385	0.0291	0.0404	16
甘肃	0.0191	0.0152	0.0241	0.0190	0.0170	28
青海	0.0173	0.0112	0.0100	0.0122	0.0223	30
宁夏	0.0172	0.0252	0.0247	0.0110	0.0179	27
新疆	0.0202	0.0197	0.0194	0.0206	0.0220	26

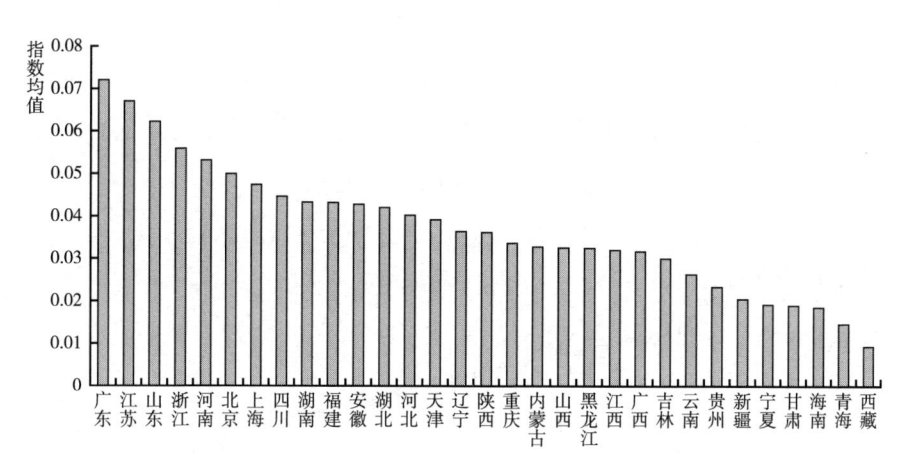

图 6-4　2016~2020 年我国省级治理环境模块绩效发展指数均值

首先，从各地区五年来治理环境模块绩效发展指数的均值来看，发展较好的前五省分别为广东、江苏、山东、浙江、河南，五年内绩效发展指数居于 0.04~0.09，且趋于平稳状态。其中，广东省凭借超前的经济发展、人才引进战略与沿海的地理优势位列第一，历年绩效发展指数均超过 0.06。其次，治理环境绩效发展指数排名后三的地区依次为海南、青海、西藏，五年内绩效发展指数居于 0.003~0.034，以西部地区为主，亟须经济、人口政策大力扶持。最后，通过分析五年数据发现，安徽、福建、贵州等地区绩效发展指数有上升趋势，而部分地区 2019~2020 年受新冠肺炎疫情影响有下降趋势，如北京、天津。

如图 6-5 所示，治理环境中"政策环境"部分绩效发展水平不尽相同，且具有波动性特征。从全国范围来看，浙江、安徽、山西、天津、黑龙江等地区的绩效发展指数较为靠前，表明近年来这些地区加强了宏观政策对公共文化服务的调控作用，而西藏、云南、新疆地区省级政策数较少，须进一步加强政策投入。这体现出新时期我国公共文化服务政策呈现国家层面主导、各地区依情况制定的发展现状。就具体的政策文本来看，关注度较高的政策主题有文化科技创新、文化机构管理、公平配置资源、社会力量参与、文化遗产保护、经费保障等，表明了国家对公共文化服务体系建设"全要素"的重点关注（李少惠、王婷，2019）。

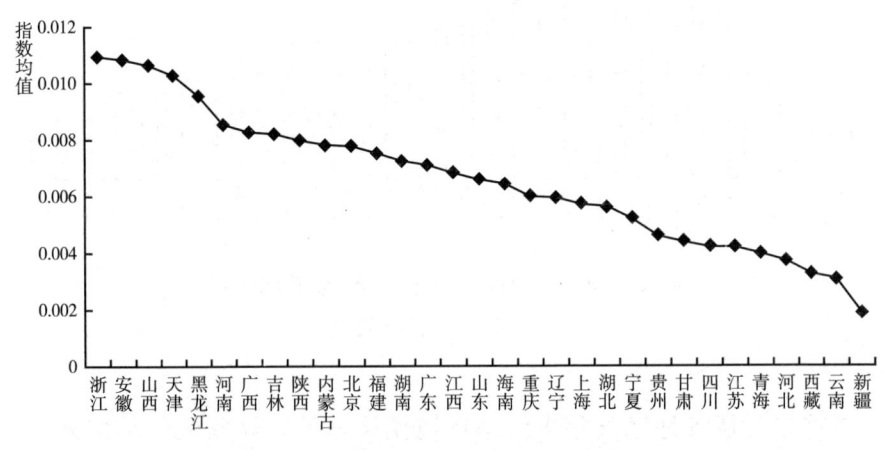

图 6-5　2016~2020 年我国省级公共文化服务二级指标政策环境模块绩效发展指数均值

如图6-6所示，治理环境中"经济环境"部分绩效发展指数整体呈现东高西低的态势。从经济环境来看，排名前五的地区依次为江苏、广东、北京、上海、浙江，五年内绩效发展指数居于0.02~0.04，是我国经济、金融、贸易、科技创新等多位一体的中心区域。排名后三的地区依次为青海、西藏、甘肃，五年内绩效发展指数不超过0.004，且皆为西部地区。总体来说，2016~2020年我国省级公共文化服务"经济环境"绩效发展指数趋于平稳。

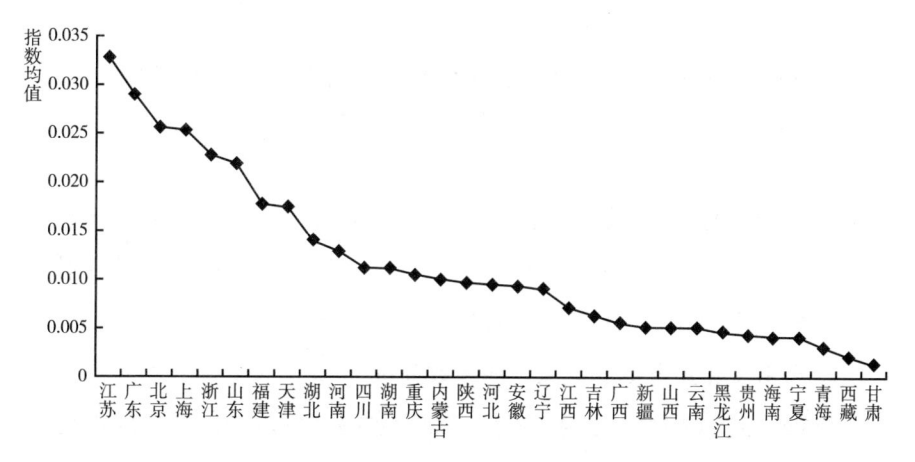

图6-6　2016~2020年我国省级公共文化服务二级指标经济环境模块绩效发展指数均值

如图6-7所示，治理环境中"人口环境"部分绩效发展指数均值与各地区人口总数整体正相关。从人口环境来看，排名前五的省份依次为广东、山东、河南、江苏、四川，五年内绩效发展指数居于0.02~0.04。我国人口由西部向东部地区流动，因此排名在前五位的省份以东部地区为主，均为人口大省，人口素质与人口结构相对较好，且劳动力人口充足。排名后三的地区依次是海南、青海、西藏，绩效发展指数五年内未超过0.01，皆为西部地区，地理位置、人口流动性相对较差。

治理环境中的"文化环境"指标为虚拟变量，故不参与整个治

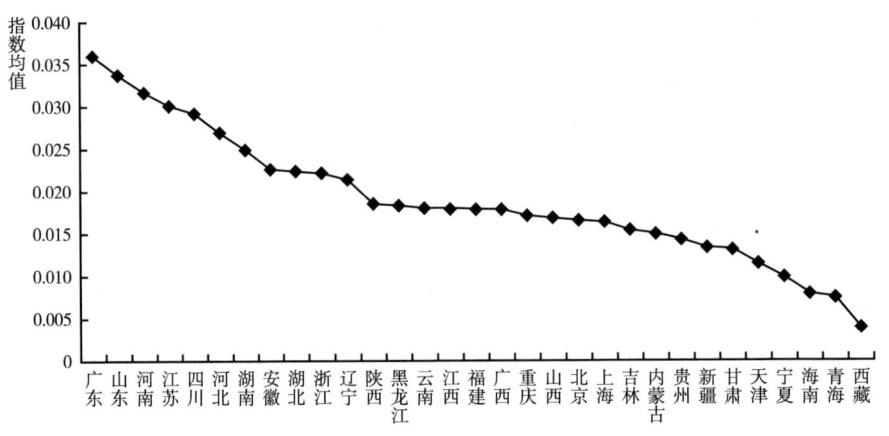

图 6-7　2016~2020 年我国省级公共文化服务二级指标人口环境
模块绩效发展指数均值

理绩效发展指数的计算过程。从文化环境来看，各地区目前加强"三馆一站"与各类文化机构的建设，东、中、西部地区公共文化服务水平整体上有显著提升，但仍存在省域差异。

5. 公共文化服务综合绩效发展指数分析

根据公式（6-9）计算我国省级公共文化服务治理绩效的综合发展指数，如表 6-10 所示。

表 6-10　2016~2020 年我国省级公共文化服务治理
绩效综合发展指数及均值排名

地区	2016 年	2017 年	2018 年	2019 年	2020 年	均值排名
北京	0.3482	0.3615	0.3733	0.3553	0.3524	8
天津	0.1221	0.1460	0.1345	0.1278	0.1138	27
河北	0.3410	0.3396	0.3167	0.3278	0.3270	11
山西	0.2591	0.2559	0.2923	0.2756	0.2768	14
内蒙古	0.2187	0.2008	0.1900	0.1900	0.1948	20
辽宁	0.2521	0.2351	0.2274	0.2286	0.1987	17
吉林	0.1473	0.1423	0.1473	0.1424	0.1277	25
黑龙江	0.1908	0.1859	0.1751	0.1606	0.1482	23

续表

地区	2016 年	2017 年	2018 年	2019 年	2020 年	均值排名
上海	0.3656	0.3464	0.3502	0.3723	0.3503	9
江苏	0.4907	0.4932	0.4941	0.5105	0.5528	4
浙江	0.6841	0.6844	0.7161	0.6900	0.6593	1
安徽	0.3527	0.3384	0.3637	0.3547	0.3240	10
福建	0.2284	0.2252	0.2469	0.2442	0.2462	16
江西	0.2048	0.2062	0.1916	0.2312	0.2189	18
山东	0.5119	0.4991	0.4993	0.5110	0.5715	3
河南	0.4224	0.4584	0.4717	0.4701	0.4743	5
湖北	0.3032	0.2957	0.3066	0.3030	0.2887	13
湖南	0.3132	0.3102	0.3036	0.3096	0.3299	12
广东	0.5262	0.5202	0.5460	0.5743	0.5733	2
广西	0.1852	0.1824	0.1766	0.1696	0.1737	21
海南	0.0446	0.0498	0.0612	0.0514	0.0498	30
重庆	0.1838	0.1951	0.2034	0.2197	0.1974	19
四川	0.4485	0.4276	0.4237	0.4190	0.4319	6
贵州	0.1377	0.1642	0.1320	0.1452	0.1559	24
云南	0.2519	0.2399	0.2415	0.2618	0.2397	15
西藏	0.0621	0.0892	0.0783	0.0705	0.0808	28
陕西	0.3589	0.3718	0.3894	0.3635	0.3576	7
甘肃	0.1682	0.1675	0.1848	0.1695	0.1744	22
青海	0.0520	0.0402	0.0382	0.0494	0.0551	31
宁夏	0.0640	0.0705	0.0771	0.0593	0.0613	29
新疆	0.1548	0.1376	0.1324	0.1353	0.1254	26

结合表6-10、图6-8可以做以下分析。

首先，通过综合考察治理主体、治理客体、治理效能、治理环境四方面的影响因素，从横向的空间序列可以看出，2016~2020年，我国省级公共文化服务治理绩效综合发展指数的均值排名第一的是浙江省，五年内治理绩效综合发展指数均值大于0.3的省（区、市）共12个，除浙江省外还包括广东、山东、江苏、河南、四川、陕西、北京、上海、安徽、河北、湖南，隶属于第一梯队，主要由东部地区组成，公共文化服务治理绩效水平较高。五年内治理绩效综

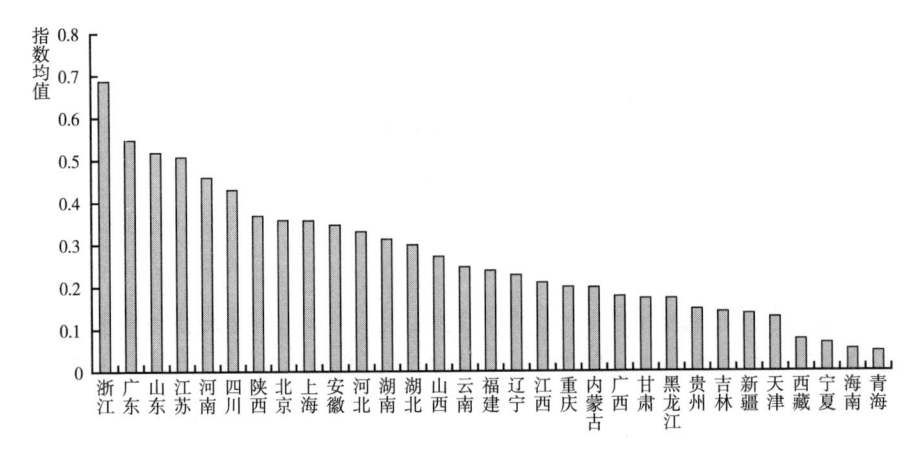

图 6-8　2016~2020 年我国省级公共文化服务绩效综合发展指数均值

合发展指数均值大于 0.15 小于 0.3 的省（区、市）共 10 个，包括湖北、山西、云南、福建、辽宁、江西、重庆、内蒙古、广西、甘肃，隶属于第二梯队，主要由东部、中部地区组成。黑龙江、贵州、吉林、新疆、天津、西藏、宁夏、海南、青海 9 个省（区、市）隶属于第三梯队，以西部地区为主，公共文化服务治理绩效水平偏低。

其次，从纵向的时间序列可以看出，受新冠肺炎疫情影响，部分地区 2020 年绩效综合发展指数有所下降。但整体来说，北京、天津、山西、江苏、浙江、福建、江西、河南、广东、重庆、贵州、西藏、陕西、甘肃 14 个省（区、市）的公共文化服务治理绩效综合发展指数均有不同程度的上升趋势。其中，山西、江苏、福建、江西、河南、广东、重庆 2019 年绩效综合发展指数较 2016 年来说增长值超过 0.015，具备较强的发展潜力。而河北、内蒙古、辽宁、吉林、黑龙江、广西、四川、新疆的绩效综合发展指数呈下降趋势，其中内蒙古、辽宁、黑龙江、广西、四川、新疆 2019 年绩效综合发展指数较 2016 年来说下降幅度超过 0.015，须进一步寻求创新发展路径。除此之外，其他省（区、市）的绩效综合发展指数呈现稳定性或波动性状态。

最后，通过分析 2016~2020 年我国省级公共文化服务绩效发展指数，可以看出，我国公共文化发展水平整体呈上升态势。这表明各省份近年来开始重视公共文化服务问题，并持续加强公共文化服务建设，这与我国建立"文化强国"与树立"文化自信"的战略目标息息相关。

四 结论与讨论

本章节结合建立健全覆盖全社会的公共文化服务体系和加快完善公共文化服务绩效评价的现实需要，以新公共服务理论和公共治理理论为指导，采用文本分析、实证分析与比较分析相结合的研究方法，对我国省级层面公共文化服务开展绩效评价指数研究。首先，通过对相关文献的梳理，对核心概念进行了界定，基于《中华人民共和国公共文化服务保障法》及《2014 年全国 31 个省市自治区公共文化服务指数蓝皮书》，并在学习、借鉴国内外学者优秀理论成果和实践经验的基础上，结合整体性治理视角，从治理工具、治理主体、治理客体、治理效能、治理环境五个维度出发，构建出本研究具备科学性与系统性的公共文化服务绩效评价分析框架与指标体系。其次，以全国 31 个省、自治区、直辖市为评估对象，利用"熵值法"确定指标权重，进而计算各地区综合指数及排名。通过相关统计年鉴、政府官方网站、前期课题等途径收集统计资料，使用 Excel 2010 等软件对获得的数据进行统计处理、分析，对我国省级公共文化服务水平进行时间、空间序列上的绩效评价。最后，结合绩效评价的实证分析结果，提出提升我国公共文化服务绩效水平的政策建议。具体来讲，本章节的研究结论如下。

治理工具：同质性强，创新性较弱。治理工具作为宏观导向的政策文本，对公共文化服务的影响是根本性、全局性的。例如，

2013年财政部和文化部联合发布的《中央补助地方美术馆、公共图书馆、文化馆（站）免费开放专项资金管理暂行办法》；再如2015年的《关于加快构建现代公共文化服务体系的意见》，强调"以效能为导向，制定政府公共文化服务考核指标"，有利于完善公共文化服务建设、促进公共文化服务绩效提升。实证分析结果表明，目前我国省级公共文化服务政策数总量不足，且各省份现有政策大多依托于国家政策而制定，缺乏具备创新性、针对性、连续性的政策为特定省份公共文化服务实践提供指导和依据。

治理主体：资源配置上存在区域失衡。政府的财政投入、硬件建设与软件投入大多属于公共文化服务基础性建设，其投入人力、财力、物力的质与量须满足人民群众基本精神文化需求。实证分析结果表明，我国浙江、河南、山东等省份公共文化服务供给水平较高，可为其他省份提供借鉴；但整体上来说，目前我国省域公共文化服务资源配置不均衡，东部地区较中部、西部地区有更加丰富的文化资源，且治理主体以政府为主，尚未完全实现市场、社会等多元主体的协同参与，不利于推动基本公共文化服务均等化。

治理客体：文化活动参与度区域差异较大。为满足广大人民群众日益增长的文化需求，治理客体的公共文化需求、文化市场需求和人才队伍建设需求等，企业与群众势必要参与公共文化服务的全过程。实证分析结果表明，首先，就2020年来说，浙江、上海与广东群众文化机构培训人数分别达到629.1万人次、532.7万人次、478.3万人次，而青海、西藏与海南群众文化机构培训人数仅有12.8万人次、14.4万人次、20.2万人次，说明我国目前省域间公共文化服务治理客体参与度差异较大。其次，2016~2020年公共文化服务治理客体模块绩效发展指数前五名的省份指数均值为0.0874~0.1281，而治理主体模块相应指数均值达到了0.1581~0.2299，从供给与需求角度来说，目前我国省级公共文化服务治理客体对公共文化服务活动的参与度差异较大且认同感不足，存在供需错位等供需不平衡的问题。

治理效能："短板省份"问题突出。公共文化服务效能的提升是一个协调推进的过程，要以实现各类文化机构收支平衡、公共文化服务供给与需求平衡为目标，坚持将公共利益放在首位。实证分析结果表明，2016~2020年我国宁夏、海南、青海等省份治理效能绩效发展指数排名靠后，且短期内没有上升趋势，文化机构资源利用率均不高。例如，2020年宁夏55座博物馆的参观人数为852万人次，而天津65座博物馆的参观人数达到了1487万人次。可见"短板省份"公共文化服务机构存在收支不平衡、供需效能不平衡显著的问题，公共文化服务体系的无序性现象仍然存在，不利于推动治理效能的高效化与群众满意度的提升。

治理环境：与其他要素的匹配存在滞后性。我国省级公共文化服务治理环境涵盖经济环境、人口环境与文化环境，受地区经济发展水平、人口结构、人口素质、地理位置等因素的影响。同时，治理环境的改善存在滞后性，需要持续地优化、提升。实证分析结果表明，目前我国省域公共文化服务治理环境不仅存在发展不均衡问题，还存在整体与局部不统一的问题，匹配度不高。例如，通过对原始数据的分析得出，以2020年为例，山东、河南、广东、四川等省份人均GDP排名较GDP排名来说偏低；山东与河南皆为人口大省，但山东省的文盲率在31个省份中排名第六，而河南省城镇人口比重在全国31个省份中排名第七。

整体来说，受历史、环境等各种因素的制约，我国省级公共文化服务绩效仍存在"东高西低"的态势，东部各省份的公共文化服务绩效水平普遍较高，中部地区次之，西部地区最低。通过综合绩效发展指数的分析，有助于厘清我国不同省份公共文化服务绩效，对于各级政府部门明晰省域公共文化服务发展阶段和状况，制定科学合理的区域创新政策具有重要意义。

第三篇　中国公共文化服务的政策实践与体系构建

第七章　中国公共文化服务体系建设的陕西实践

　　公共文化服务是保障人民基本文化权益、提高国家文化发展水平的重要举措。2012年，国务院明确指出"十二五"时期是加快构建基本公共文化服务体系的关键时期。2015年初，国家从宏观层面提出到2020年基本完成覆盖城乡、便捷高效、保基本、促公平的现代公共文化服务体系的主要目标。新形势下构建现代公共文化服务体系，不仅是保障和改善民生的重要举措，全面深化文化体制改革、促进文化事业繁荣发展的必然要求，也是弘扬社会主义核心价值观、建设社会主义文化强国的重大任务。然而，目前国家公共文化服务体系的构建研究大多停留在构成体系的指标分析上，集中在定性分析与政策分析的逻辑理论层面，缺乏针对性的定量分析研究。因此，我国公共文化服务体系建设的完善程度和绩效到底如何，受到哪些具体因素的影响，这些尚未被厘清。为了确保我国2020年构建公共文化服务体系的战略目标如期实现，亟须针对性地面向公共文化服务体系进行深入和理性的数据分析，厘清影响我国公共文化服务体系的具体因素，从而为构建科学系统的公共文化服务体系提供理论基础。

　　陕西省的文化强省的建设目标。在国家政策导向的基础上，省级层面纷纷提出了"文化大省"的建设目标。近年来，陕西省以追赶超越发展为契机，提出了包括公共文化服务、文化遗产传承等内容的文化强省建设的"八大工程"，加强文化基础设施建设，完善公共文化服务网络，加快构建公共文化服务体系，全面提高全省的公共文化服务水平。2022年《陕西省文化发展报告（2022）》指出，2021年，规模以上文化企业法人单位数为1665家，比2012年增长4.1倍，年均增长19.9%。从业人员为12.20万人，比2012年增长71.3%，年均增长6.2%。公共图书馆、文化馆、艺术表演场馆和博物馆等公共文化基础设施建设成绩斐然，处于全国平均水平以上，依靠丰富的历史文化资源，博物馆数量居于全国前列，但是乡镇（街道）文化站建设水平有待进一步提高。2021年全省博物馆机构数为312个，比2012年增加102个，增长48.6%，年均增长4.5%。博物馆人员数为8511人，比2012年增加2992人，增长54.2%，年均增长4.9%。2021年博物馆藏品件数为438.7万件，是2012年的4.3倍，年均增长17.5%。2021年全省文化馆122个，举办展览5118次，是2012年的1.1倍；组织文艺活动26693次，比2012年增长57.4%；举办训练班次从8985次增加到15716次，增长74.9%。文化馆收入从2012年的5.0亿元增加到2021年的8.2亿元，增加3.2亿元。2012~2021年，公共图书馆从112个增加到117个；藏书量从1400万册增长到2295万册，增长63.9%；书刊文献外借人次从299万人次增加到380万人次；书刊文献外借册数从497万册增加到751万册，增加254万册；广播人口覆盖率从97.15%增长到99.36%，增加2.21个百分点；全年制作广播节目时间从229064小时增加到235051小时，增加5987小时。2021年，电视发射台及转播台为165个，较2012年增加42个；全年播出时间达到638938小时，增加40940小时；电视人口覆盖率为99.66%，提高1.54个百分点。文化强省的实现，需要经济和文化相互交融、促进，文化与科技结合日趋紧密，进而不断加强文化软实力对社会可持续发展的影响。

一 研究设计

通过上述几章内容的分析来看，我国的中、东、西部地区的公共文化服务建设具有显著差异。因此，对于各地区的具体分析就具有典型的实践意义。陕西省作为西部大省，又是文化大省，在公共文化服务建设过程中形成了特定的模式与经验。

（一）研究目标

本章内容将以陕西省为例，运用陕西省县区层面的公共文化服务数据，对本研究提出的公共文化服务绩效 TSDEP 模型进行补充和完善，进一步通过因果关系模型对各公共文化服务治理要素进行验证，并通过典型案例分析来总结我国陕西的公共文化服务基层实践模式，最后结合实证分析结果总结我国公共文化服务绩效评价体系。

（二）分析框架

相比文化产业，我国公共文化服务的研究起步较晚。自 2005 年我国首次提出公共文化服务体系的概念以来，学者们对公共文化服务的研究出现井喷式增长。2010 年以前，国内学者对公共文化服务的研究主要集中在基于公共文化服务体系的内涵方面。学者从加大文化财政资源投入、制定并完善相关政策法律制度、培养专业文化人才队伍、加强文化基础设施建设、明确各主体的角色与功能等方面阐述了公共文化服务体系建设和发展的基本思路（沈东伟，2009；马艳霞，2013；柯平等，2015）；并根据公共文化服务的性质和特点，提出公共文化服务供给可采用政府"权威型供给"、市场"商业型供给"以及第三部门"志愿型供给"三种方式，从而形成多元化的公共文化服务供给模式（荆晓燕、赵立波，2015）。2010 年以后，国内学者对公共文化服务的研究呈现多元化的特点，开始引入文化治理理念。部分学者提出通过政府购买公共文化服务的方式创新公共文化服务供给，鼓励社会力量积极参与公共文化服务体系建设，实现公共文化服务的多元供给和共建共享（周晓丽、毛寿龙，2008）；要实行和扩大免费开放，促进国家公共文化服务体系的发展与创新（柯平等，2015）；并开始利用实证分析的方法，构建起公共文化服务绩效评价指标体系，对公共文化服务的供给效率和水平进行评估和测算（杨林、许敬轩，2013；毛雁冰、韩玉，2015）。近年来，结合新的时代发展特点，公共文化服务研究领域出现了公共文化服务大数据、公共文化服务供给侧改革、基本公共文化服务均等化、文化扶贫等新的研究热点。国内学者提出要结合大数据的强大功能，加强公共文化服务大数据的利用（嵇婷、吴政，2015）；针对人民对"精神食粮"的新期待与公共文化服务供给之间的诸多矛盾，要建立以公众为中心的公共文化服务体系，积极推动公共文化服务的供给侧改革和基本公共文化服务均等化（胡智锋、杨乘虎，2013；刘小琴，2017）；同时，以共享发展理念为指导，借助公共文化服务助力农村贫困地区的文化扶贫工作等（吴江等，2019）。总体而言，已有研究视角比较单一，缺乏实证数据的研究与验证，亟须从数据分析的角度剖析当前我国公共文化服务体系建设存在的问题。

对比国内的研究，西方福利国家从出现危机开始，就为公共服务的"商业化和地方化"提供了发展的空间和可能，作为公共服务重要内容的文化服务也不例外。文化服务作为西方社会公共服务中的"奢侈品"（Kidd，2012），使越来越多面临财政危机的政府开始"由文化管理的主宰者逐渐退居为参与者，文化产品和服务的部分供给权力也委托给企业或其他非政府组织"（Andrews，2007）。由于中西方政治体制不同，我国的基本公共文化服务研究还是以政府主导的治理视角为主。但是，西方研究关注市场化和社会化的运作方式，从较高的供给效率和水平方面出发研究公共服务绩效（Bertacchini and Nogare，2014；Ritz and Brewer，2013），这一点在我们构建公共文化服务体系模型时应加以借鉴。

从目前我国公共文化服务体系建设的现状出发，可以发现仍有以下的突出问题。一是公共文化服务供需矛盾突出。一方面，基本公共文化服务人均供给量偏少；另一方面，公共文化服务种类比较单一，且以政府供给为主。广播、电视和上网作为现阶段居民享受公共文化服务的主要形式，与人们日益增长的多层次多样化的精神文化需求不相匹配。二是公共文化服务水平区域差异明显。公共文化服务地区之间、城乡之间的差异问题也就是公共文化服务的均等化问题。由于经济发展水平和社会发育程度的差异，中、东、西部的公共文化服务水平差异较大。以陕西省区域差异为例，西安、延安、铜川和榆林等地的公共文化资源份额大于其人口份额，当地居民享有相对丰富的公共文化资源；商洛、安康、渭南和咸阳等地的居民享有的公共文化资源则相对不足，公共文化服务建设相对落后（任宗哲等，2016）。此外，城乡二元结构使各区域城市地区居民享有的公共文化服务水平高于农村地区，基层公共文化服务能力有待提高。三是公共文化服务财政资源分配不均衡。公共文化服务体系是以文化设施为基础、以政策法规为准则、以资金技术为保障、以文化人才为依托而形成的一套完整系统，文化设施和文化人才是建设公共文化服务体系的两个关键要素。但目前，国家在推进公共文化服务体系建设过程中重硬件（基础设施）投入、轻软件（人才培养）投入的问题依然比较严重，财政资金中大部分用于场馆建设，对于人才培养、引入社会资金、可持续发展等方面缺乏系统性的发展阐述，事关内涵式发展的政策体系仍不完善。

基于陕西省公共文化服务体系存在的诸多问题，本研究将其原因归结为政府治理在公共文化服务中存在碎片化。供需之间存在的结构性矛盾是供需碎片化，地区、城乡之间的发展不平衡是区域的碎片化，财政资源在软硬件投入上的分配不均是财政资源分配的碎片化（陈建，2017b）。公共文化服务管理的碎片化问题归根结底是各主体政府各层级之间存在失调与配合度低的问题，以及功能的分散和利益相关者的协同失败（方堃，2012）。因此，针对公共文化服务治理的碎片化问题，本研究在公共文化服务体系建设方面引入整体性治理理论，提出了公共文化服务体系建设的概念模型（见图7-1）。

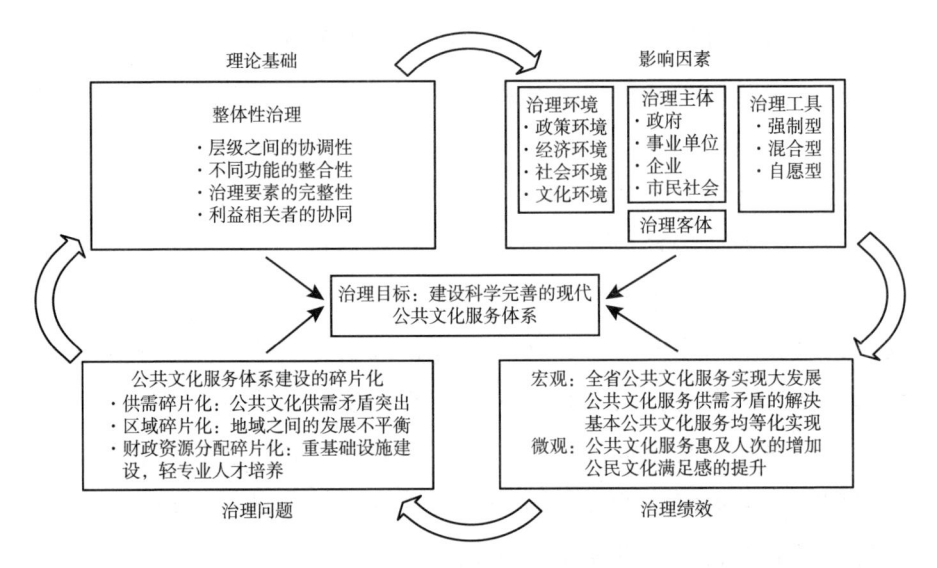

图 7-1 基于整体性治理的公共文化服务体系概念模型

整体性治理理论是基于碎片化治理而提出的，是公共治理理论的重要分支。作为一种政府社会管理的方式，整体性治理是对传统公共管理的衰落和新公共管理改革过程中碎片化严重的回应，是协同治理和整体主义思维路径的综合表现（李树茁等，2012）。整体性治理强调以整合化的组织形式，纵向整合宏观、中观、微观以及不同层级利益相关者关系，横向协调正式的组织管理关系与平行部门的利益相关者关系，追求注重全局的社会管理模式，实现功能整合与资源有效利用的目标，保证公共文化服务的整合与优化供给。

在上述公共文化服务体系概念模型中，整体性治理强调治理要素的完整性。首先是治理环境。在公共文化服务体系构建过程中，环境的重要性不言而喻。政府的政策支持是推动地区公共文化建设的重要保障，科学、健全的文化发展政策法规体系可以很好地发挥政策引导、扶持以及法律保障作用。经济环境对公共文化建设的影响是基础性的，当地区的经济发展到一定水平，人们的物质需求得到满足后，精神文化的需求便会凸现出来（魏鹏举、戴俊骋，2016）。社会环境主要是指社会的发育程度，基于公共文化服务的城乡差异，本研究主要指地区城镇化水平。文化环境则是指在一定的社会形态下影响一个社会的价值观念、行为偏好、风俗习惯以及其他因素的总和，按照文化环境的特殊性，本研究将陕西省分为陕南、陕北和关中。其次是治理主体。社会治理强调主体的多元性，其中，政府及事业单位是主导，市场力量（企业）是辅助，市民社会是延伸。再次是治理客体。治理客体是指治理所指向的目标人群，公民作为公共文化服务的享受者，毫无疑问是公共文化服务治理的客体。最后是治理工具。根据公共政策经典的"三分法"，将治理工具分为强制型、混合型和自愿型（尚子娟等，2012）。在公共文化服务领域，强制型工具主要指政府直接投资公共文化服务基础设施建设，向公民提供基本公共文化服务；混合型工具主要指通过政府购买、市场供给等方式向公民提供公共文化服务；自愿型工具则指政府引导社会力量、公民自愿投入公共文化服务体系建设，为他人无偿提供公共文化服务。

通过公共文化服务领域的整体性治理，最终在宏观层面上实现全省公共文化事业的大发展、基本公共文化服务均等化以及公共文化服务供需矛盾基本解决；在微观层面上实现公共文化服务惠及总人数不断增加，公民文化满足感得到有效提升。

（三）研究方法

本研究主要通过回归模型，将治理环境、治理主体、治理客体和治理工具作为自变量，将公共文化服务宏观绩效 y_1 和微观绩效 y_2 分别作为因变量，分析四类治理要素对治理绩效的影响。当公共文化服务宏观绩效作为因变量时，其为连续变量，因此采用多元线性回归。设定因变量 y 与自变量 x 之间有线性的关系，其表达式为：

$$y_1 = a + b_1x_1 + b_2x_2 + \cdots + b_kx_k + e \quad (7-1)$$

$$\text{Log}\left[\frac{P(y_i \leq j)}{1 - p(y_{i \leq j})}\right] = t - bx_i \quad (7-2)$$

当公共文化服务微观绩效作为因变量时,其为计数变量,公共文化作为公共产品,具有非排他性和非竞争性,第一个人享用公共文化服务后并不会影响后面其他人的享用,因此采用泊松回归模型。但是,由于泊松回归要求因变量的分布应该是 equi-dispersion,即均值等于方差,本研究中的因变量方差大于均值,因此采用负二项回归模型。负二项回归模型方程实际上是在泊松回归方程的基础上加上误差项,其表达式为:

$$y_2 = \exp(a + b_1x_1 + b_2x_2 + \cdots + b_kx_k + \varepsilon) \quad (7-3)$$

$$\ln(y_2) = a + b_1x_1 + b_2x_2 + \cdots + b_kx_k + \varepsilon \quad (7-4)$$

(四)变量设置

本研究涉及的要素包括治理环境、治理主体、治理客体、治理工具和治理绩效(见表7-1):

表7-1 变量的描述性统计信息

要素	变量	指标	均值	标准差
治理环境	政策环境	地区政策数量(部)	3.13	2.47
	经济环境	地区GDP(亿元)	174.91	199.39
		地区人均GDP(万元)	4.61	3.06
	社会环境	地区城镇化水平①	0.48	0.20
	文化环境	陕北=1,关中=2,陕南=3	2.03	0.71

---

① 本书所涉及的地区城镇化水平是指地区城镇常住人口占总人口的比重,部分区县数据缺失,以该区县所在地市城镇化水平的均值代替。

续表

要素	变量	指标	均值	标准差
治理主体	政府事业单位	公共图书馆机构数（个）	0.97	0.22
		公共图书馆专业技术人才数（人）	8.05	6.89
		群艺馆、文化馆机构数（个）	1.04	0.19
		群艺馆、文化馆专业技术人才数（人）	12.56	10.07
		文化站机构数（个）	13.60	5.40
		文化站专业技术人才数（人）	9.88	14.06
	其他事业单位	公有制艺术表演团体（事业）（个）	0.40	0.51
	企业	公有制国有艺术表演团体（企业）（个）	0.18	0.38
	市民社会	群众业余文艺团队（个）	117.47	90.05
治理客体	地区人口	地区人口数量（万人）	35.57	23.29
治理工具	强制型	政府财政支持"三馆一站"建设（千元）	5667.62	3220.00
	混合型	政府购买（事业）公益演出（千元）	133.79	349.97
		政府购买（企业）公益演出（千元）	56.93	190.69
	自愿型	公共文化服务志愿者队伍数（支）	3.55	7.41
		公共文化服务志愿者人数（人）	110.02	325.53
治理绩效	宏观绩效	公共文化服务财政支出（千元）	7699.72	4634.94
		公共文化服务总收入①（千元）	8773.27	5063.60
	微观绩效	公共文化服务惠及总人数（万人）	18.21	11.52

二 实证分析结果

（一） 治理要素对宏观绩效的影响

根据整体性治理的公共文化服务体系模型，表 7-2 显示了治理环境、治理主体、治理客体和治理工具四类治理要素对陕西省公共文化服务宏观绩效的影响的回归分析结果。

模型 1~3 是以公共文化服务财政支出为因变量。结果显示，四

---

① 本章中的公共文化服务总收入是指"三馆一站"和文化企事业单位年终总收入之和。

表 7-2 陕西省公共文化服务宏观绩效及其影响因素的回归结果

治理要素		自变量	公共文化服务宏观绩效			公共文化服务财政支出		公共文化服务总收入
			模型 1	模型 2	模型 3	模型 4	模型 5	模型 6
治理环境	政策环境	地区政策数量(部)	-114			-161.406		
	经济环境	地区 GDP(亿元)	13.202***			14.085***		
		地区人均 GDP(万元)	-161.048*			-102.217		
	社会环境	地区城镇化水平	-6971.844**			-9769.76**		
	文化环境	关中(陕北)	-3645.627*			-3087.019*		
		陕南(陕北)	-2203.256+			-2027.124		
治理主体	政府事业单位	公共图书馆机构数(个)		1367.995			1212.961	
		公共图书馆专业技术人才数(人)		219.439***			238.379***	
		群艺馆、文化馆机构数(个)		300.596			1313.178	
		文化站机构数(个)		41.404			30.348	
		文化站专业技术人才数(人)		141.233+			187.677*	
	其他事业单位	公有制艺术表演团体(事业)(个)		67.781+			69.723*	
	企业	公有制国有艺术表演团体(企业)(个)		2001.86**			2425.892**	
	市民社会	群众业余文艺团队(个)		1119.192			2049.769*	
治理客体	地区人口	地区人口数量(万人)		-6.105			-5.178	
				37.327*			35.598+	

续表

治理要素	治理工具	自变量	公共文化服务财政支出 模型1	公共文化服务财政支出 模型2	公共文化服务财政支出 模型3	公共文化服务总收入 模型4	公共文化服务总收入 模型5	公共文化服务总收入 模型6
	强制型	政府财政支持"三馆一站"建设（千元）			4.154*			1.333***
	混合型	政府购买（事业）公益演出（千元）			27.364+			4.031***
		政府购买（企业）公益演出（千元）			-0.137			2.484*
	自愿型	公共文化服务志愿者队伍数（支）			637.655			-11.532
		公共文化服务志愿者人数（人）			-22.584			-0.475
		R^2	0.213***	0.5093***	0.066*	0.196***	0.501***	0.838***
		N	107	107	107	107	107	107

注：*** 表示 $p<0.001$，** 表示 $p<0.01$，* 表示 $p<0.05$，+ 表示 $p<0.1$；文化环境变量中陕北为参照项。

类治理要素对公共文化服务财政支出均有显著影响。在治理环境中，除政策环境外，经济环境、社会环境和文化环境均影响显著。公共文化服务财政支出与地区经济发展水平呈正相关，与地区人均GDP呈负相关。公共文化服务财政支出与地区城镇化水平呈负相关，即城镇化水平越高，公共文化服务财政支出越少。公共文化服务财政支出水平存在地区差异，其中陕北地区与关中地区差异较大，与陕南地区差异较小。在治理主体中，公共图书馆专业技术人才数、文化站机构数、文化站专业技术人才数、公有制艺术表演团体（事业）对公共文化服务财政支出均有显著影响，公共图书馆专业技术人才数影响尤为显著。在治理客体中，地区人口数量与公共文化服务财政支出呈正相关，地区人口规模越大，公共文化财政支出越多。在治理工具中，政府财政支持"三馆一站"建设和政府购买（事业）公益演出对公共文化服务财政支出影响显著，政府购买（企业）公益演出、公共文化服务志愿者队伍数、公共文化服务志愿者人数影响不显著。

模型4~6是以公共文化服务总收入为因变量。结果显示，四类治理要素对公共文化服务总收入均有显著影响。在治理环境中，政策环境依旧影响不显著，地区GDP、地区城镇化水平和文化环境对公共文化服务总收入影响显著。地区经济发展水平越高，公共文化服务总收入越多。公共文化服务总收入与地区城镇化水平呈负相关。陕北地区公共文化服务总收入与陕南地区无明显差异，与关中地区差异显著。在治理主体中，公共图书馆专业技术人才数、文化站机构数、文化站专业技术人才数和公有制企事业艺术表演团体对公共文化服务总收入影响显著。公有制企事业艺术表演团体对公共文化服务总收入的贡献度较高，专业技术人才对公共文化服务总收入水平同样也发挥着重要作用。在治理客体中，地区人口数量对公共文化服务总收入有一定的影响。在治理工具中，政府财政支持"三馆一站"建设和购买企事业公益演出影响显著，公共文化服务志愿者队伍数及人数对公共文化服务总收入水平则无显著影响。

(二)治理要素对微观绩效的影响

表 7-3 为治理环境、治理主体、治理客体和治理工具四类治理要素对陕西省公共文化服务微观绩效的影响的回归分析结果。

表 7-3 陕西省公共文化服务微观绩效及其影响因素的回归结果

治理要素	自变量		公共文化服务惠及总人数		
			模型7	模型8	模型9
治理环境	政策环境	地区政策数量(部)	−0.019		
	经济环境	地区 GDP(亿元)	0.001*		
		地区人均 GDP(万元)	0.008		
	社会环境	地区城镇化水平	−1.287**		
	文化环境	关中(陕北)	0.812***		
		陕南(陕北)	0.742***		
治理主体	政府事业单位	公共图书馆机构数(个)		0.608*	
		公共图书馆专业技术人才数(人)		0.013	
		群艺馆、文化馆机构数(个)		0.101	
		群艺馆、文化馆专业技术人才数(人)		−0.001	
		文化站机构数(个)		0.011**	
		文化站专业技术人才数(人)		0.007+	
	其他事业单位	公有制艺术表演团体(事业)(个)		−0.094	
	企业	公有制国有艺术表演团体(企业)(个)		−0.022	
	市民社会	群众业余文艺团队(个)		0.004**	
治理客体	地区人口	地区人口数量(万人)		0.006*	
治理工具	强制型	政府财政支持"三馆一站"建设(千元)			0.000**
	混合型	政府购买(事业)公益演出(千元)			0.000
		政府购买(企业)公益演出(千元)			0.000
	自愿型	公共文化服务志愿者队伍数(支)			0.023
		公共文化服务志愿者人数(人)			−0.000
		−2LL	2730.40	2723.29	2744.61
		R^2	0.011***	0.014***	0.006***
		N	107	107	107

注:*** 表示 $p<0.001$,** 表示 $p<0.01$,* 表示 $p<0.05$,+ 表示 $p<0.1$;文化环境变量中陕北为参照项。

模型 7~9 是以公共文化服务惠及总人数为因变量。结果显示，四类治理要素对公共文化服务惠及总人数均有显著影响。在治理环境中，政策环境依旧影响不显著。地区 GDP 对公共文化服务惠及总人数有显著影响，而人均 GDP 则无显著影响。公共文化服务惠及总人数与地区城镇化水平呈负相关。公共文化服务惠及总人数区域差异明显。在治理主体中，公共图书馆机构数、文化站机构数和群众业余文艺团队影响显著，文化站专业技术人才数具有一定影响。治理客体中的地区人口数量对公共文化服务惠及总人数有显著影响，且呈现正相关关系。在治理工具中，只有政府财政支持"三馆一站"建设影响显著，政府购买企事业公益演出、公共文化服务志愿者队伍数及人数对公共文化服务惠及总人数均无显著影响。

（三）结果与讨论

本章节基于公共文化服务体系建设影响因素模型的构建，分析了治理环境、治理主体、治理客体和治理工具四类治理要素对陕西省公共文化服务体系建设宏观绩效和微观绩效的影响，通过前文的分析主要有以下发现。

治理环境方面，陕西省各地区在公共文化服务领域并没有成熟完善的政策法规体系，公共文化发展受政策的驱动力不强。结果显示，政策环境对公共文化服务宏观和微观绩效均无显著影响。地区 GDP 对公共文化服务宏观绩效和微观绩效均影响显著，而人均 GDP 只对公共文化服务财政支出有影响，且呈负相关。这说明地区经济越发达，公共文化服务发展水平越高；当地区人均 GDP 较低时，人民生活水平不高，主要通过政府加大财政的投入保障人民的基本文化需求。人均 GDP 对公共文化服务微观绩效没有显著影响，说明公共文化服务具有基本性、公益性等特点，无论地区居民是否富裕，都能享受基本的公共文化服务。通常情况下，随着城市化的发展，城乡之间公共文化服务差距可以得到缓解甚至消除。但分析结果却显示社会环境与公共文化服务宏观和微观绩效均呈现负相关,这表明各地区在推进城市化建设的过程中,文化建设并没有跟进,在原有的农村公共文化投入不足的同时,在农业人口不断市民化的过程中,没有形成新的文化支撑(李少惠、余君萍,2010)。城市化进程与公共文化服务发展水平脱节。文化环境对公共文化服务体系建设影响显著,陕北、陕南和关中地区区域差异明显,这与三个地区在历史发展过程中各自形成的独特社会文化环境密切相关。

治理主体方面,文化专业人才与文化基础设施是公共文化服务体系建设的两个重要方面。公共图书馆专业技术人才数、文化站专业技术人才数和公有制企事业艺术表演团体等对公共文化服务宏观绩效影响显著;公共图书馆、文化站等文化基础设施数量对公共文化服务微观绩效影响显著。因此,建设现代公共文化服务体系,必须协同推进文化专业人才培养和文化基础设施建设。群众业余文艺团队对公共文化服务宏观绩效无显著影响,对微观绩效影响显著。这说明群众业余文艺团队在丰富人民群众文化生活方面发挥着不可替代的作用。

治理客体方面,体现了人口因素对公共文化服务体系建设的重要性。地区人口数量对公共文化服务宏观绩效和微观绩效均有显著影响,说明地区公共文化服务体系建设应当始终贯彻以人为本的理念,对人口方面的特征和因素进行实际考量。

治理工具方面,文化设施建设是公共文化服务体系的基础性工程,政府财政支持"三馆一站"建设对公共文化服务宏观绩效和微观绩效均影响显著。政府购买企事业公益演出对公共文化服务宏观绩效影响显著,而对微观绩效无显著影响,说明当前各地政府在购买公共文化服务的过程中缺少对人民群众真正文化需求的考虑,造成公共文化服务的无效供给和公共文化服务供需矛盾突出。公共文化服务志愿者队伍数及人数对公共文化服务宏观绩效和微观绩效均无显著影响,表明各地区公共文化志愿建设较为落后,没有真正发挥社会文化志愿组织对公共文化服务体系的建设性作用。

公共文化服务体系建设是体现国家治理体系与治理能力现代化的重要方面，本研究从整体性治理的角度出发对该问题创新性地进行了治理要素的实证剖析，用公共治理的理论指导了实践。在未来的研究中应进一步加大实证数据的分析，在大数据的基础上对公共文化服务问题的整体性治理进行完善。

第八章 中国公共文化服务政策创新的案例分析

根据第三章所构建的公共文化服务体系 TSDEP 的理论分析框架，本研究在第二篇的三个章节中对治理主体、治理客体、治理工具、治理环境以及治理绩效进行了实证验证与分析，并在第六章对全国省级层面的公共文化服务绩效评价指数进行了计算。第三篇的第七章，将本研究的分析框架在陕西省的县区层面进行了实证分析，进一步对公共文化服务体系 TSDEP 的理论分析框架进行补充和完善。本章为了进一步丰富公共文化服务体系 TSDEP 的理论分析框架，将选取我国市县层面具体公共文化服务模式进行案例分析。

本章在前面的理论分析、概念模型构建以及实证分析的基础上，采用质性研究的方法，选取了陕西省三个地区陕北、关中和陕南具有区域特色的市县——延安、周至和安康，结合公共文化服务因地制宜的要求，从红色文化、生态旅游和乡村振兴的视角，对三个市县开展的典型公共文化服务案例进行研究分析，更加深入地了解我国市县级公共文化服务的政策创新机制和路径。这是对前几章公共文化服务体系 TSDEP 理论分析框架的实践应用，也为进一步完善我国公共部门的公共治理概念模型提供参考依据。通过总结公共文化服务的基层治理模式，将公共治理、整体性治理以及协同治理的理论应用于公共文化服务体系的方案设计，提出新的公共文化服务统筹模式，强调绩效评价在治理过程和结果中的作用，有助于公共治理理论在公共文化服务等文化领域的丰富和发展。基于整体性治理的研究视角,从治理工具、治理主体、治理客体、治理效能、治理环境五个层面系统地阐述了公共文化服务绩效评价的内在、外在影响因素,构建了具备科学性的理论分析框架,厘清了公共文化服务绩效评价的内在逻辑,有助于横向扩大研究范围,纵向深挖研究内涵。

一 陕西省公共文化服务模式总结的可行性分析

陕西境内秦岭、华山、黄河、黄帝陵、兵马俑构成了中华地理的自然标识和中华文明的精神标识,源远流长的历史文化,缔造了以周、秦、汉、唐为代表的古代灿烂文化,孕育出了多姿多彩、瑰丽奇特的民俗文化。艰苦卓绝的抗日战争和解放战争,孕育出了光照千秋的延安精神。面对"十四五"时期全面建设社会主义现代化国家新征程,陕西的公共文化服务需要充分发挥和利用历史文化、民俗文化和红色文化资源优势以及旅游资源禀赋,发扬基层的公共文化服务创新精神。

(一)深厚的文化底蕴与丰富的文化资源基础

习近平总书记2014年在中央政治局第十八次集体学习时强调:"要治理好今天的中国,需要对我国历史和传统文化有深入了解,也需要对我国古代治国理政的探索和智慧进行积极总结。"陕西陕北、关中和陕南区域差异的文化特色与文化环境是陕西建设文化强省的必要基础条件。

陕北是红色文化的发源地。陕北地区是中华民族的发祥地之一,也是华夏文化的源头之一,在经历了秦至明清以及近代资产阶级思想解放启蒙运动等漫长的人与自然、人与社会相互作用与发展后,陕北以其独特的历史地理条件和经济政治因素积淀、创造,逐渐形成了独具地域特色的陕北文化风格。陕西省延安有非常丰富的旅游资源,是历史文化名城,是国内红色旅游资源最集中、最丰富的红色旅游资源富集区。陕北的"红色土地"和革命老区是党和人民军队的根，红色延安被称为"红色圣地"。陕北的历史文化奇迹和红色革命奇迹激励了一代又一代共产党人。以红色文化为基础的文化建设，凸显了陕北文化特色。陕北，陕西省最北部的黄土高原，也是中国黄土高原的中心部分。它东隔黄河与晋西相望，西以子午岭为界与甘肃、宁夏相邻，北与内蒙古相接，南与关中的铜川相连，其范围包括榆林和延安在内的25个县区。陕甘宁革命老区是中国共产党在土地革命战争时期创建的红色革命根据地，这里既是党中央和中国工农红军长征的落脚点，又是建立抗日民族统一战线、赢得抗日战争胜利，进而夺取全国胜利的解放战争的出发点，孕育了光耀千秋的延安精神。境内有上百处革命文物，其中最为重要的是延安市区内的凤凰山旧址、杨家岭旧址、枣园旧址、王家坪旧址，子长市瓦窑堡（中共中央政治局会议旧址）等国家级保护文物。省级革命文物有延安市区内的陕甘宁边区政府旧址、南泥湾旧址，吴起县、志丹县、子长市、安塞区的革命旧址和旧居，刘志丹烈士陵园，谢子长陵园，洛川县冯家村"洛川政治局会议旧址"，等等。

陕南具有优美的自然文化。陕南作为一个完整的地理自然单元，优势是绿色自然生态环境和具有特色的文化历史。陕南具有悠久的历史文化、革命传统文化和独具特色的现代文学艺术成就。陕南"深厚文化历史积淀"是指或经考古发现或有历史记载或延续传承至今，渗透着人文精神的景观或现象。比如，汉中的"两汉"、安康的汉阴"三沈"、商洛的"商山四皓"等悠久历史故事和文化特色，及其现代的文学艺术成就和民情风俗等，构成了陕南一道亮丽的文化风景线。

关中是中国传统文化的代表。关中，位于陕西中部，包括西安、铜川、宝鸡、咸阳、渭南、杨凌五市一区，为陕西的工农业发达、人口密集地区，有"八百里秦川"的美称，"天府之国"最早指的就是关中。以西安为中心的关中地区，自古以来就是中华民族的重要发祥地之一,这里人才荟萃、文化鼎盛,出现了雄浑博大的帝都文明。帝都文化把关中文化推向了整体文化的前列,造成了关中地区高度的文化素质和文化意识。关中地区发达的农业文明促进了文化的高速发展,从历史发展的角度来说,关中文化是中国古代传统文化的主干和精神内核,更是华夏主体文化的代表。

(二)文化强省建设的战略发展平台

陕西具有丰厚的历史文化、灿烂的革命文化、特色鲜明的民俗文化、壮美雄奇的山水自然文化、深受海内外关注的宗教文化以及有一定实力的现代文化,这为陕西文化发展提供了丰富的资源。陕西省早在"十二五"期间就提出了基于文化建设的发展目标,要使陕西省的文化软实力大幅提升,文化发展的主要指标和综合实力位居国家西部的前列,基本建成西部文化强省。经过了"十二五"和"十三五"十年的政府实践,陕西省目前的文化建设已取得了一定的成效。近年来,陕西省政府为建立文化强省,出台了《关于加快构建现代公共文化服务体系的实施意见》《关于做好政府向社会力量购买公共文化服务工作的意见》《关于推进县级文化馆图书馆总分馆制建设的指导意见》等公共政策,在公共文化服务体系建设上日趋规范。公共文化服务体系建设是一项综合社会管理活动,可以反映政府的治理理念和治理实践,如何推动陕西省构建科学合理、运转高效的现代公共文化服务体系,满足人们日益增长的精神文化需求已成为当前政府面临的一项紧迫而又重要的任务。随着新一轮西部大开发和关中—天水经济区发展规划的实施,全省经济快速增长,人均GDP突破3000美元,陕西文化发展迎来了前所未有的战略机遇期。在社会主义文化大发展大繁荣的难得历史机遇面前,陕西省文化建设应当抓住发展机遇,及时发现在文化建设中存在的问题,沉着应对多方挑战,不仅要成为"文化大省",更要培育成"文化强省"。

二 陕西省典型市县的公共文化服务模式总结

乡村文化建设是公共文化服务体系建设的"最后一公里",特别是由于我国的幅员辽阔,公共文化服务的地区差异显著,受"城乡二元"格局的影响,公共文化服务的发展也呈现东部地区发展优于西部地区、城市发展优于农村发展的现状。同时,我国基层的公共文化服务体现为服务的体系末端、服务的时间末端、服务内容的任务末端,成为构建我国公共文化服务体系的突出短板。

本章节选取陕西省作为我国西部省份的代表,以陕西陕北、关中和陕南的公共文化服务为分析对象,梳理各个案例在基层公共文化服务中的公共文化服务实践改革与政策探索,总结具有西部地区特色、立足陕西文化根基的我国公共文化服务的基层治理模式。

(一)陕北延安模式(与红色文化的深度融合)

1. 陕北延安概况

陕北延安被誉为中国革命圣地、中国革命的摇篮。它在20世纪三四十年代养育了从艰难困苦中走来的中国工农红军,养育了中国革命,养育了中国共产党。窑洞,是黄土高原上最古老、最简陋的居所。挖土成洞,凿洞成窑,住土窑,睡土炕,居留在这块沟壑纵横的高原上的人们,就这样一代代生活着。1935年10月,中国工农红军第一方面军经过二万五千里长征到达陕北革命根据地,自此这里就成为一个令世人瞩目的红色中心。宝塔山、凤凰山、枣园、直罗镇、瓦窑堡、吴起县……这些朴素的地点串成亿万中国人心中神圣的向往,一排排朴实整洁的窑洞院落,留下了毛泽东、周恩来、朱德、刘少奇、任弼时等中国共产党第一代中央领导人为革命呕心沥血的身影。

2. 陕北延安的治理要素分析

第一，治理主体：需求侧改革（群众首创精神）。陕北延安具有良好的公共文化服务体系建设基础，以陕北"延安过大年"春节系列文化活动为例，其所形成的品牌价值与社会效益具有区域代表性和文化影响力，连续35年举办所积累的经验和机制更具传承价值。延安市集红色文化、民俗文化、历史文化于一体的文化禀赋，彰显了延安作为中华文明发源地和革命圣地之一的文明精髓、根脉品质和历史传承价值。"延安过大年"春节系列文化活动始于1983年，已经延伸成为广大群众喜闻乐见的常态化品牌文化活动，不仅活化了延安的文化生态，而且依托其所具有的广泛的普及性和示范性、群众的知晓度和参与性等，坚定了延安的文化自信、夯实了延安公共文化服务体系建设的时代基础。截至目前，在延安各县区群众文化活动开展过程中，各县区相继涌现出一系列具有特色的、品牌性群众文化活动，不断推动"延安过大年"系列群众文化活动向品牌化、特色化、常态化发展。一方面，截至2023年"延安过大年"春节系列文化活动已经连续举办38届，其本身便已经成为一项极具特色的品牌文化活动，不仅如此，拓展举办的6届全市"小戏调演"、6届"校园文艺汇演"、4届"社区文化节"、3届"农民文化节"、2届"民间艺术大赛"和10年的"陕北民歌大舞台"活动，使系列文化活动品牌相继形成。另一方面，各县区立足地区实际，依托特色文化资源，相继形成品牌性群众文化活动，"一县一品"成为各县区群众文化活动的发展现实，安塞区的"鼓舞安塞"大型鼓文化艺术展演、宝塔区的元宵节秧歌会演活动、黄陵县的抬鼓表演、吴起县的"文化年货"惠民活动、宜川县的春节联欢晚会等活动逐步品牌化，充分展示了各区县在经济文化建设方面的成就，丰富了人民群众的文化生活。

第二，治理环境：红色文化积淀与革命圣地环境。从精神层面来说，井冈山精神、雷锋精神、延安精神、西柏坡精神等都是形成红色文化需求的动力，而红色文化需求是红色旅游发展的根本力量；

从物质层面来说，反映革命史实的遗址、博物馆、纪念馆和烈士陵园等都是发展红色旅游的重要物质呈现，其所折射的红色文化内涵是开展红色旅游持续不断的前提和源泉。在红色旅游发展过程中，可以通过红色旅游规划开发、红色旅游景区建设、红色旅游展馆、红色旅游市场营销和红色旅游导游讲解来传承红色文化（刘红梅，2012），帮助游客有效地理解和掌握红色文化的深层内涵，充分发挥红色旅游这一传承平台的作用，有效弘扬红色文化、感悟红色文化。

第三，治理理念：公共文化服务与红色文化的融合共生。红色文化和公共文化服务密不可分。实现红色文化与公共文化服务的良性互动是红色文化在公共文化服务当中的最终价值体现和目标。挖掘和保护红色文化资源、科学开发红色旅游，有利于彰显鲜明的中国特色，增强文化自信，推动中国特色社会主义文化的发展。红色旅游具有重要的文化教育功能，能够使红色文化的精髓深入人心，从而有利于弘扬优良的红色文化，培养和激发国人爱国情怀，进而促进社会主义文化大发展大繁荣，推动中国特色社会主义文化建设。

3. "延安模式"：红色文化深度融合模式

随着中国特色社会主义新时代的来临，乡村红色文化与旅游的发展迎来了新时期。如何牢牢把握新时代的发展机遇，进而形成更有效的红色文化与旅游融合共生动力，是政府目前急需关注和解决的重要问题。本研究将从以下几个方面来阐述陕西延安红色文化深度融合模式（见图8-1）。

一是经济动力促基本发展。经济发展是乡村红色文化与旅游发展的重要动力。首先，经济发展大大改善了乡村旅游景区基础设施及其配套设施的建设。近年来，政府和社会企业通过资金输入支持乡村红色革命老区发展旅游业，逐渐改善其交通道路、酒店住宿、景区卫生环境等，为乡村地区红色文化与旅游活动开展提供物质基础，促进乡村红色文化与旅游的融合共生。其次，数字经济的发展加快红色文化与技术的融合。区块链技术与红色文化的融合促进红

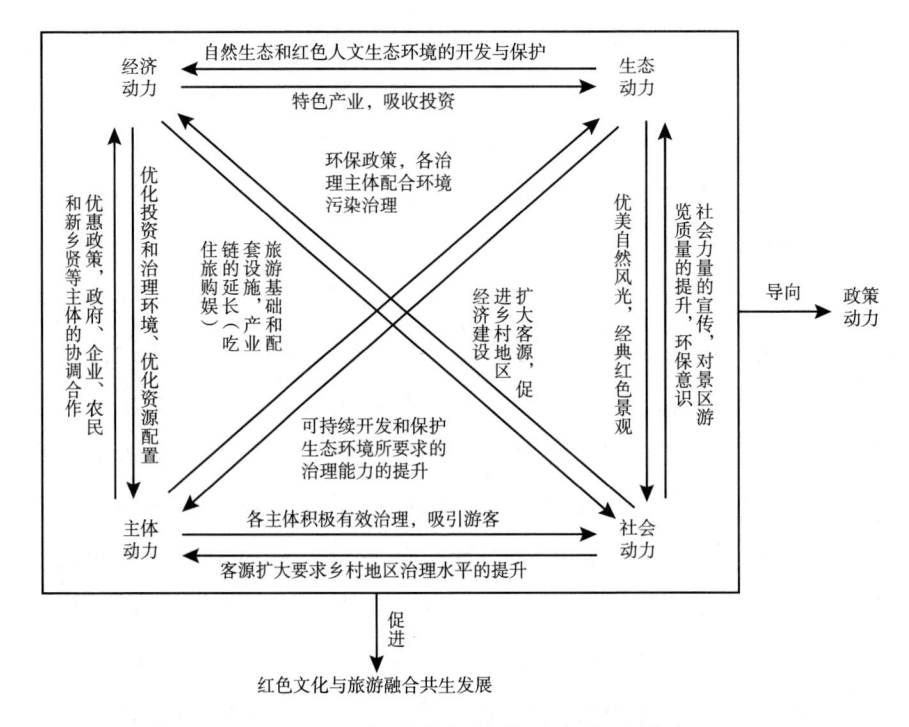

图 8-1 红色文化与旅游融合发展模式

色资源的创新性开发和发展，促进文物保护和修复技术的提高，推动红色文化旅游资源实现可持续开发和利用，促使红色爱国主义教育基地更完整地呈现红色文化的魅力。最后，经济结构转型加快驱动红色旅游产业和其他产业的融合，加快资源要素在城乡地区间的流转，进一步延长乡村红色文化与旅游产业链，逐渐形成了具有中国特色的红色文化与旅游名片，吸引更多国内外游人，推动中国红色革命精神的传承。

二是政策动力促科学发展。公共政策是促进乡村红色文化与旅游发展的外部环境。《2004—2010 年全国红色旅游发展规划纲要》、《2011—2015 年全国红色旅游发展规划纲要》和《2016—2020 年全国红色旅游发展规划纲要》三个规划纲要相继下发，体现了国家对于红色旅游开发建设的政策导引。2016 年发布的《"十三五"旅游业发展规划》强调深挖红色内涵,提升红色旅游发展水平,大力实施红色旅游发展工程。2018年3月由国务院办公厅印发的《国务院办公厅关于促进全域旅游发展的指导意见》中,再次针对"红色旅游"做出明确指示——"以弘扬社会主义核心价值观为主线发展红色旅游,积极开发爱国主义和革命传统教育、国情教育等研学旅游产品"。2018年发布的《关于实施革命文物保护利用工程(2018~2022年)的意见》中指出应"深入挖掘革命文物的价值内涵和文化元素,运用市场机制开发更多文化创意产品,促进文化消费"。十九届四中全会强调"完善文化和旅游融合发展体制机制"等。上述政策和相关会议等为我国乡村发展红色文化与旅游指明了正确方向,确保各地区制定红色旅游发展规划有理可依、有据可依,增加决策科学性,为乡村红色文化与旅游的融合共生提供良好的政策环境。

三是主体动力促多元发展。乡村治理主体多元化是促进乡村红色文化与旅游发展的创新路径。首先,各地政府充分发挥主导作用,积极帮助村民脱贫,牢铸乡村发展农业、教育、医疗、文化的基础,为乡村红色文化与旅游的融合共生发展创造有利条件,推动"红色旅游+"新业态的多元发展。其次,随着知识型社会的发展,村民的文化知识水平、处理事务能力和综合素质不断提高,自觉参与乡村治理,积极发挥主观能动性和创造性,努力为本土红色文化与旅游融合共生创新发展建言献策。最后,新乡贤群体和部分企业回流乡村,将物质资本、科学技术、管理人才和经验等先进资源带回乡村,积极参与乡村红色文旅的治理,积极将红色旅游与绿色旅游、乡村旅游、生态旅游等有机融合,开发康养度假、农耕农事体验游、峡谷漂流等融为一体的红色旅游特色衍生产品和景区文创产品,同时加强引入互联网、VR、全息投影等新技术,打造有现代感的红色旅游,推动乡村红色文化与旅游融合共生的整体规划制定和多样化发展。

四是生态动力促特色发展。生态环境是促进乡村红色文化与旅游发展的基础。"绿水青山就是金山银山"。生态文明是建设美丽乡村的着力点和归属点，也是乡村有序开展红色文旅活动的目标追求。随着环境保护政策的贯彻落实和环保宣传力度的不断加大，乡村地区生态环境得到有效保护和改善，地域特色景观资源得到加强保护，为乡村红色文化与旅游的融合共生提供了必要的独特资源保障，促进了乡村红色文化与旅游的特色发展。乡村地区优美的自然生态环境有利于开发浏览观光风景区，减少游客旅行疲惫感，有利于投资商融合地域景观特色打造民风建筑，创新乡村地区旅游业态；良好的人文生态环境可以保护红色人文景观的原真性和完整性，传承不同地区特有的红色精神，使游客体会各红色革命景区不同的历史性、纪念性、教育性。同时，政府通过防治污染、治安管理和改善乡村人居环境，努力为游客提供舒适的旅游环境，为村民提供安全的居住环境，从而促进乡村文明建设和实现生态宜居。

五是社会动力促全面发展。社会动力是乡村红色文化与旅游发展的根本保障。随着社会经济的不断发展，消费结构的升级和消费观念的转变使人们不单重视物质需要，又逐渐重视精神文化需求；同时人均可支配收入的不断提高和交通建设的飞速发展，使群众出游需求和人均出游率逐渐提高。近年来，政府加强宣传红色文化重要性、推动红色旅游景区发展，地方投资商积极合理开发红色文化与旅游资源，多渠道宣传红色旅游景区，加之乡村民宿业的快速发展及其服务品质的不断提升，人们对乡村红色旅游的需求热度只增不减。这些都为乡村红色文化和旅游的融合共生发展提供了广大客源市场，从而促进了乡村地区农业、交通、基础设施、文化、教育、科技、医疗等方面的全方位发展，进而有助于实现乡村地区生活富裕的目标和乡村居民的"中国梦"，最终实现乡村振兴。

（二）关中周至模式（与生态旅游的融合共生）

1. 周至水街概况

周至水街生态旅游小镇（周至沙河湿地公园），俗称周至水街，现建成区域包括中间水域约 0.28 平方公里。2014 年开发建设，以关中民俗文化、农耕文化为文化特色，形成独具特色的关中仿古建筑和水景，整体空间结构为沿河的线性结构。周至水街所依托的是周至县城一条古老的绕城河——沙河，形成一种独特的空间感受。总体来看，周至水街发展生态旅游的优势突出，其独特的生态环境和乡土文化与生态旅游发展所需的物质条件十分契合（见表 8-1）。同时，随着游客对良好生态环境的需求增加，生态旅游市场将持续扩大，也将再次加快周至水街生态旅游产业升级的步伐。

表 8-1 周至水街生态旅游现状

类型	具体内容
总体空间	周至沙河湿地公园,俗称周至水街,国家 AAAA 级旅游景区,周至水街以关中仿古建筑和水景为特色,整体空间结构为沿河的线性结构
人文环境	关中民俗文化、农耕文化
交通功能	京昆线穿过水街,交通便利
广场空间	广场主要分布于入口和公共建筑之前,例如戏台前广场空间的设置与观众使用的空间结合
道路空间	道路形状分为顺应河流走向的自由曲线型道路和垂直于河岸的道路
建筑风貌	建筑沿水岸自由分散分布,建筑层数以 1 层为主,少量为 2~3 层
景观系统	水环境、绿化环境优美
公共服务设施	游乐设施集中,垃圾箱、标识的形式清晰
地形地貌特征（生态环境、自然环境）	在原沙河基础上改造的水景街景,依地势分为水面和两阶台地

周至水街地理位置优越，交通条件便利，是关中地区比较独特的民俗旅游景区。周至水街是在原来沙河的基础上进行改造的水景民俗文化园，借助原沙河的自然水源条件和地理地貌优势，将原来污水横流、垃圾成堆的沙河改造成为周至的核心景观，形成供游客们休闲娱乐、亲近自然和体验关中传统民俗文化的综合型民俗旅游区。在西北缺水地区，很少利用水系大做文章，也无力去打造大型

水系景观。因此，周至水街的建立就具有非凡的意义。将污染严重的沙河变废为宝，建立了中国第一个以改善人居环境为目标的水街项目，切实将自然山水和乡土民情融合在一起。国内的水街景观均过于依托自然河流，并无丰富的水景元素，而周至水街具有500处景观节点，是中国水景观元素最丰富的水街。另外，对周至污水沟的有效治理，让周至的形象快速提升，并一定程度上净化了西安市整体面貌。

2. 周至水街的治理要素分析

第一，治理主体：政府与社会（有为政府与有效市场）。乡村生态旅游共生单元即乡村生态旅游的利益主体，主要包括旅游企业（在旅游村寨及其周围开展经营并盈利的旅游公司、景区以及工作人员等）、当地政府、当地村民、游客、社会组织（旅游协会、科研组织等）五个方面（见图8-2）。在共生系统中，乡村生态旅游各共生单元之间存在较为明显的利益互动关系，为乡村生态旅游的共生系统构建提供了关键性基础。共同利益体现在通过乡村生态旅游产业的发展获得良好的旅游效益，为乡村生态旅游奠定产业基础和经济支撑，包括社会、经济、文化等。具体表现为：当地政府主要通过参与乡村生态旅游规划和提供政策保障的方式增加税收、获得社会效益、招商引资；旅游企业通过参与乡村生态旅游的运营管理、投资宣传获得旅游收入和投资回报，并在旅游发展上寻求政府部门的资金和政策支持；当地村民主要通过乡村生态旅游发展获得就业机会和经营收入，提升自身生活水平；游客通过旅游活动获得美好的旅游体验；社会组织通过发挥协调和监管、智力支持等作用助力乡村生态旅游产业发展水平的提升。

周至县政府、当地旅游企业、社会组织、周至水街当地村民以及水街游客等利益相关者形成共生状态。周至县政府作为整个周至水街生态旅游共生系统的调配者与管控者，制定出台了系列优惠政策以吸引更多的企业投资，着力打造周至政务服务品牌，促进经济

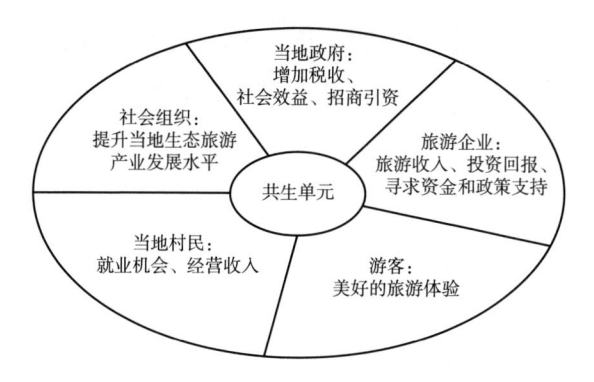

图8-2 乡村生态旅游的共生单元及利益诉求

与科技紧密联结、创新成果与产业发展密切结合。此外，周至县政府在推动周至水街发展的过程中还充当监管者，周至县市场监督管理局联合周至县公安局和城市管理局对全县夜市食品摊贩、餐饮单位进行食品安全监督检查，以做好食品安全保障工作。旅游企业通过参与生态旅游的运营管理、投资宣传获得旅游收入和投资回报，并在旅游发展上寻求周至县政府部门的资金和政策支持。文化旅游管理有限公司和陕西沙河实业有限公司承担旅游资源及旅游商品研发与销售、旅游咨询服务、项目开发建设等工作，为周至水街生态旅游发展提供专业支持；衣里工厂店发挥企业技术、管理、品牌、资源等优势，以产业带动就业，刺激旅游消费；周至水街文化旅游管理集团举办了"我文明我行动我为全运添光彩——2020年西安市乡村音乐节暨周至县夏日广场群众文化活动"，为周至水街增添浓郁文化氛围。

村民在提供旅游服务与产品的同时，获得经济来源，提高了自身生活水平。一方面，旅游企业的建设提供了许多就业岗位，陕西政府提供优惠政策与资金支持，对村民开展岗前培训，解决村民就业问题；水街村民通过周至水街销售周至黑布林李子、醪糟、猕猴桃、蜂蜜等农副产品获取经济收入；周至水街两旁村民还通过开设餐饮服务业、民宿旅游业等获取经济效益。另一方面，水街村民是周至水街生态旅游共生模式的主体,村民的态度与行为会使游客对周至水街产生直接的感受与印象,因此,必须确保水街村民的经济利益,以督促村民提供更优质的旅游产品与服务。

游客在旅游中能够收获良好的旅游体验。一方面,游客能够在水街观看熨斗曲子、牛斗虎、集贤鼓乐和军寨道情等多项国家与省市级非物质文化遗产项目的表演,感受地方非遗文化底蕴;还可品尝喜神醪糟、金永丰黑猪肉夹馍等周至县地方特色小吃,品味周至独特美食。另一方面,游客的消费也为周至县,尤其是周至水街村民等主体带来经济效益。旅游部门调查数据显示,2015年周至全县各旅游景区"五一"期间接待游客达103.44万人次,旅游业综合收入达1.26亿元,同比增长990.5%,为周至水街后续开发提供经济来源,并形成良好的共生发展模式。

第二,治理环境:生态旅游(自然、人文与旅游环境的共生)。共生环境是指共生单元以外的所有因素的总和,即共生系统所处的宏观背景。对于乡村生态旅游而言,共生环境主要包括经济、政治、文化、社会和自然环境五个方面(见图8-3)。良好的经济环境是发展乡村生态旅游的关键要素,主要包括旅游村所在地的经济发展水平、旅游景区和企业数量、国内外旅游市场,以及相关产业结构和产业规模。良好的政治环境是促进乡村生态旅游发展的有力支撑,主要表现为国家和地方出台的相关政策,例如《"健康中国2030"规划纲要》、2018年中央一号文件《关于实施乡村振兴战略的意见》、《国家乡村振兴战略规划(2018~2022年)》。文化环境作为乡村生态旅游的特色所在,是促进乡村生态旅游产业向上向好发展的重要条件,主要包括当地特色的历史文化、民俗文化等文化背景,以及所衍生出的一系列与当地特色文化相关的房屋建筑、语言行为、饮食服饰等文化符号。社会环境是乡村生态旅游的保障基础,包括公共服务、基础设施体系、社会治理、民生保障。自然环境是实现乡村生态旅游的重要载体,主要包括当地的地形地貌、气候环境、动植物资源、空气环境等。在乡村生态旅游共生模式中，除各利益相关者的共生外，还存在自然环境、人文环境与旅游环境的共生发展。王燕早期曾提出生态旅游层次思想（王燕等，2013），认为乡村生态旅游开发应分成浅层与深层。浅层乡村生态旅游开发以观光乡村生态景观为主，旅游方式与游览线路的规划以游玩、享受性质为主，较少涉及人文环境与生态体验，利益主体各行其是，旅游系统诸要素没有达到平衡关系；深层乡村生态旅游开发则是在开发过程中融入特定类型的乡村文化，让旅游者获得真切的文化与生态体验，同时强调旅游系统各要素间的协作性，以促成多方共赢（金成，2021）。因此，在乡村生态旅游共生模式中，自然环境、人文环境与旅游环境的共生非常关键，具体分析如下。

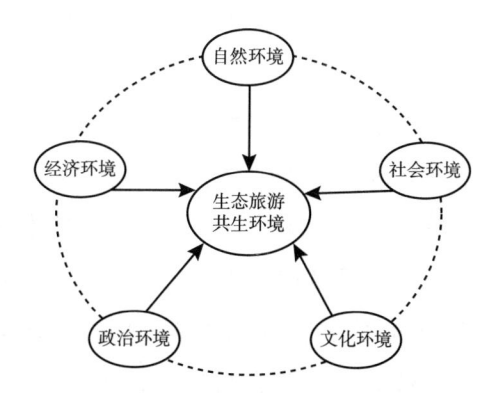

图 8-3 乡村生态旅游的共生环境

周至水街的内层共生是由周至水街的自然环境、人文环境以及基础设施与旅游形成的融合共生。一是自然环境优越。周至水街所依托的沙河全长 43.4 公里，流经周至县城段为 4.6 公里，流域面积为 137.37 平方公里，有 202 处人工水景节点、198 处自然水景节点、29 处空中水景、71 处陆地水景，总共 500 处水景节点，是中国水景元素最丰富的水街。二是文化氛围浓厚。周至县是历史上黄帝的第三个儿子骆明的封地，周至水街凭借骆城遗址与当地独有的文化创造景观，包括洛神美食街、农家院、口承文化等，更为丰富的"非物质文化遗产"包括民间美术、传统手工艺、舞蹈、戏剧、音乐等。三是基础设施完善。交通方面，周至水街景区有免费停车场和旅游直通车，为游客提供交通便利；景区方面，周至水街内部景观有灯光照明提示、临边防护、安全提示牌等以保证游客安全，提升景区服务质量；住宿方面，"爱在路上·主题民宿集群"首创国内院落街区民宿可全方位满足游客的住宿需求；服务方面，陕西地电周至水街新能源汽车充电站项目，配套驾驶员休息室、场站监控室、车辆雨棚、管线等基础设施以满足新能源汽车的需求。

自然环境与旅游环境的融合是发展深层次乡村生态旅游的基础和前提。开发乡村生态旅游必须依赖良好的自然环境，保护好自然生态环境才能促成乡村生态旅游的有效开发。吐鲁沟国家森林公园因其得天独厚的自然环境、林木青翠终年常绿而又名"吐绿沟"。吐鲁沟充分利用田园、草原、鱼塘、水库等生态资源，大力发展乡村生态旅游业态，着力打造集生态观光、田园休闲、农家餐饮于一体的乡村文化生态旅游品牌，实现了经济建设与生态保护互利共赢。上林舍村自然环境优雅，植被覆盖率高达90%，深度挖掘生态旅游资源，因地制宜积极探索，建设富有陕西特色的乡村生态旅游，2015年被国家旅游局授予"全国乡村旅游模范村"的称号。2018年其共接待游客达15万人次，吸引了全村75%以上的劳动力参与乡村生态旅游活动，带动了乡村经济发展，为乡村振兴开辟了新途径。因此，发展深层次乡村生态旅游必须保护好自然环境，良好的自然环境是发展乡村生态旅游的根基。

人文环境与旅游环境的融合是推动深层次乡村生态旅游发展的关键突破点。促进文化产业与旅游产业融合发展是党中央、国务院做出的重要战略部署，是促进两个产业转型升级提质增效的重要途径。文化丰富旅游内涵，旅游实现文化价值，两者相辅相成。茯茶镇以茯茶业为核心特色，凭借"丝绸之路经济带"发展大潮，以其独特的文旅形式被原国家旅游局评为"中国乡村旅游创客示范基地",年均接待游客 500 万人次,实现产业经济、文化发展和生态发展的共赢;"诗经里"的建设均以诗经文化为魂,将自然风光与传统文化有效结合,深入挖掘诗经里旅游区的旅游文化价值以吸引游客,提高景区的美誉度和知名度;白鹿原影视城以作家陈忠实的长篇小说《白鹿原》为主题,融合陕北、陕南等地的民俗文化特色,营造出关中传统民俗文化的历史场景。2021 年白鹿原影视城接待游客达106.96 万人次,为旅游发展带来新思路、新活力和核心竞争力,全面推动文旅企业发展提档升级。因此,在推动文化与旅游融合发展的过程中,树立互促共赢的理念,有助于文化与旅游深度融合以达到共生效果。

3. "周至模式":生态旅游融合共生模式

通过对周至水街案例分析,发现乡村生态旅游共生关系的构建是多种共生要素共同作用的结果,在生态旅游融合共生模式中,各共生要素联系十分密切,且相互作用(向程等,2020)。从利益分配、利益补偿、利益保障和利益协调四方面构建我国乡村生态旅游核心利益相关者共生模式,并通过制定详细的措施保证共生模式构建的有效性,以期为乡村生态旅游共生发展提供理论参考和借鉴(见图 8-4)。

该模式具体表现为以下两方面。一是旅游与乡村生态环境形成共生环境。旅游业要注重对当地乡村生态环境的保护,乡村生态环境要适应旅游业的发展。当地政府要为乡村生态旅游共生发展搭建平台,对乡村生态环境及时调控,保护生态环境,为乡村生态旅游共生发展提供可持续性保障。二是乡村生态旅游核心利益相关主体形成的共生关系。政府在乡村生态旅游发展中充分发挥引导、协调和保障作用,通过制定优惠帮扶政策、项目审核制度、加强乡村基础设施建设等保护生态旅游者、当地村民等利益相关者的合法权益。旅游企业作为乡村生态旅游获取经济收入的重要渠道,要为旅游业

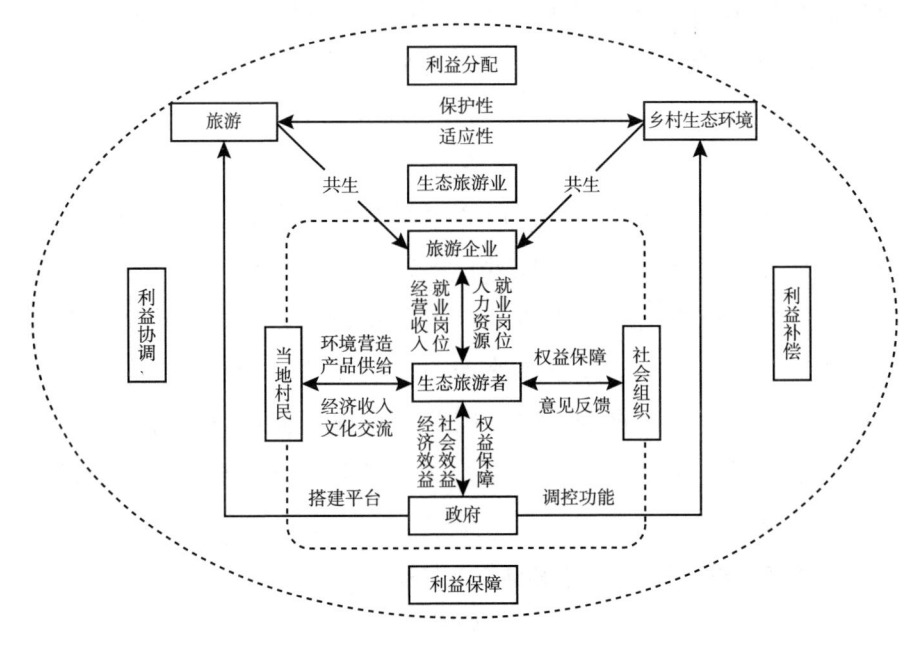

图 8-4　生态旅游融合共生模式

提供人力资源、经济支持以打造具有吸引力的旅游景区；为当地村民提供更多就业岗位，激发更多经营性收入，为当地乡村生态旅游共生发展夯实经济基础。社会组织作为第三方组织，是实现乡村基础设施建设和利益相关者权益保障的重要力量，是广大村民参与乡村生态旅游共生模式构建的重要途径。社会组织要扎根基层，了解村民的利益诉求、维护游客的合法权益、为政府建言献策。当地村民为乡村生态旅游共生发展提供劳动力资源、旅游商品和服务，并从中获取经济收入；同时也是乡村生态旅游文化特色的重要组成部分，与当地的景观融为一体，成为独特的人文景观，营造文化氛围，吸引游客。生态旅游者是乡村生态旅游共生关系的核心，也是该关系经济收入的主要来源，带来经济效益。此外，旅游者可以从乡村生态旅游中获得美好的乡村生态旅游体验和独具特色的乡村文化氛围，从而得到满足感、愉悦感。

(三)陕南安康模式(与乡村振兴的有效衔接)

1. 陕西安康概况

安康博物馆、市图书馆、市群艺馆、安康剧院、"藏一角"博物馆、市体育运动中心全部免费开放;汉江大剧院、安康美术馆、安康非遗馆、安康体育馆、安康科技馆新建投用;实施了市图书馆、市群艺馆改扩建项目;"安康阅读吧"24小时自助图书馆建成投用34个;"汉水生态博物馆"建成开放30个、村史馆(社区博物馆)建成开放50个;市、县区两级公共图书馆和文化馆设置率达100%,镇、村(社区)综合文化服务中心(站)建成率达100%;改造提升广播电视发射台站10个,电视综合覆盖率达100%,便民广播综合覆盖率达98%。覆盖城乡的四级公共文化服务设施网络基本形成,设施功能和服务能力显著提升。安康市以市级层面创建国家公共文化服务体系示范区和示范项目、县区层面创建文化先进县为载体,高标准推动公共文化服务体系建设。2016年,"汉剧兴市"创新国家公共文化服务体系建设通过国家验收命名。2018年,安康市以西部第一的成绩获得第四批国家公共文化服务体系示范区创建资格,创建中期调度评审位居西部第二。2021年,安康市被文旅部、财政部命名为第四批国家公共文化服务体系示范区,公共文化服务体系进入全国示范行列。全市8个县(区)省级文化先进县创建达标,通过省政府验收命名,其中汉滨、旬阳蝉联国家级文化先进县称号,文化先进县创建达标率为80%,位居全省第一。2021年,白河县、汉阴县、石泉县启动创建第一批陕西省公共文化服务高质量发展示范县(区),汉滨区五里镇等6个镇启动创建陕西省公共文化服务高质量发展示范乡镇。通过实施创建工程,建立和完善了党委领导、政府管理、部门协同、权责明确、统筹推进的公共文化服务体系建设工作机制,以及市、县区政府"一把手"负总责的组织领导机制。在公共文化机构法人治理结构改革、县域文化馆图书馆总分馆制建设、基层综合文化服务中心建设、市县政府公共文化服务目录和服务标准、文化工作扶持培养和表彰奖励、政府购买公共文化服务、公共文化绩效评价等重点领域方面，形成了科学高效的工作机制。"安康·阅读起跑线"是安康创建国家公共文化服务体系示范区制度设计小组与市创建文明卫生办公室共同策划和组织实施的社会力量帮扶项目。该项目以提升公共图书馆和中小学图书馆阅读服务能力、建设"书香安康"为目标，以社会力量捐资捐物、省会城市高校对中小学图书馆业务培训为主要内容，以文化"精准扶贫"为重点方向，以"结对帮扶"为组织形式。从2019年起，项目实施一年来，共有全国10余家企事业单位参与了帮扶活动，累计开展培训20余次，参加培训人次达数千人次；累计捐赠数字资源419.2万元，纸本图书2万余册，设施设备和文化用品约10万元，初步形成了社会力量参与贫困地区公共文化建设的"安康经验"。

2. 陕西安康的治理要素分析

第一，治理主体：供给侧改革（社会力量的大力参与）。

首先，利用了高校图书馆的人才优势，提升基层公共图书馆馆员专业素养。经制度设计小组策划协调，西安科技大学图书馆与安康10个县区图书馆签订了"对口帮扶"协议，安康市创建办印发《关于实施"安康·阅读起跑线"——西安科技大学图书馆对口帮扶培训项目的通知》，明确了培训日程、内容、对象和方法。通过实地免费培训、在线咨询和专项业务指导来盘活公共文化资源。分别以各县区公共图书馆为培训阵地，以各县区图书馆馆员和乡镇、村社综合性文化服务中心管理人员为培训对象，培训内容包括"基层图书馆工作人员职业素养""现代图书馆管理与服务体系建设""文献资源建设、共享与利用""信息资源检索与利用""阅读推广组织与策划""图创管理系统操作指南与计算机基础知识"6个培训模块。在实地培训结束后继续开展线上咨询服务，随时回应基层图书馆工作中存在的困难或疑难问题，建立"对口帮扶"线上机制。围绕县域图书馆"总分馆"建设、市县图书馆特色数据库建设和数字化、信息化技术应用提供技术指导和支持。"对口帮扶"项目先后开展业务培训10余场，10个区县文旅广电局、图书馆和基层综合性文化服务中心参加培训的管理人员共1000余人，为基层图书馆解决各类难题10余项，有效提升了基层馆员业务素养和业务能力，提高了基层图书馆服务能力和服务水平。

其次，"一对一"帮扶整合了公共文化不同层面的资源。通过西安"最美校园图书馆"牵手贫困山区中小学图书馆，提升阅读推广和数字化、信息化服务能力。由制度设计小组策划协调，西安市图书馆学会中小学委员会组织了西安十佳"最美校园图书馆"活动，按照"一对一"的方式与安康10县区12个中小学图书馆签订"对口帮扶"协议，安康市创建办和安康市教育体育局联合印发《关于做好西安市最美图书馆结对帮扶我市12所学校图书馆项目有关工作的通知》进行统筹安排，顺利完成了各项帮扶计划。西安十佳"最美校园图书馆"根据各自分工，多批次深入安康10个县区实地考察中小学图书馆建设情况、了解具体帮扶需求、制订帮扶计划；分别开展中小学图书馆员业务知识培训、阅读推广活动组织策划讲座、数字资源使用方法讲解等业务培训和交流；积极联系数据商为每个帮扶学校图书馆免费赠送价值30万元以上的数字资源，包括电子书平台、图书编目系统和基础教育教育学资源总库、CNKI经典导读数据库、智叟助教辅学平台、智秦数字绘本动漫等多个契合中小学师生需要的数据库，每个"最美校园图书馆"还给各自帮扶学校图书馆捐赠了价值1万元的经典图书和价值不等的电脑、复印机等设备。邀请安康12所中小学图书馆馆员参加西安市中小学图书馆馆长培训班、参观西北工业大学附属中学等名校图书馆等。2019年暑假期间邀请安康地区近80所学校的数万名师生参加了陕西省教育厅教育技术装备管理中心主办的"书香校园·读红色经典"阅读活动。截至目前，中小学"对口帮扶"已开展线上线下培训、讲座

10余次，累计培训中小学主管校长、相关教师、图书馆管理人员200余人次。

再次，调动相关企业的力量，推进中小学图书馆数字化、信息化和智能化服务能力建设。安康中小学校普遍面临图书资源匮乏陈旧、技术条件落后、服务手段单一等问题。通过制度设计小组、安康市创建办统筹协调和两个对口帮扶团队协作推进，成功争取到超星公司、西安数图、北京人天、广州图创、新东方、同方知网、智秦数字出版集团、湖北三星等一批企业或数据商的支持。目前，安康被帮扶的中小学师生可以便捷地使用中国知网基础教育资源，可以通过智秦数字出版集团开发的App，以绘本、动漫等形式对学生进行新时代爱国主义教育，可以通过超星校园阅读系统平台进行图书阅读并参加各种阅读活动，可以通过新东方多媒体学习库、新东方双语阅读平台进行英语学习等。贫困山区被帮扶中小学图书馆服务能力得到很大提升，未来将进一步采取示范引领、以点带面的方式逐渐实现各区县中小学图书馆整体服务能力的提升。

最后，在"安康·阅读起跑线"的示范作用下，安康市出台了《关于为全市公共图书馆捐书捐资捐建的倡议书》，带动了安康本地企事业单位、群众团体和个人通过捐资捐物参与地方公共文化建设并助力创建工作的积极性。据不完全统计，截至2019年底，"安康·阅读起跑线"共得到捐赠图书30余万册、资金50余万元、数字资源价值近500万元、其他设备物品10余万元，形成了社会力量参与贫困地区公共文化建设的"安康经验"。

第二，治理环境：农村贫困地区（巩固脱贫攻坚成果）。陕西安康由于基础薄弱、经济欠发达等原因，镇村两级公共文化设施分布广、数量大，是陕西省脱贫攻坚的主战场。在决战脱贫攻坚、推动乡村振兴中，受多元思想文化和外部环境影响，一些低俗风气抬头，迫切需要传承发展优良民风。安康通过大力推进"诚、孝、俭、勤、和"新民风建设，提升全市人民群众道德素养和文明程度、优化社会风气和发展环境、助推脱贫攻坚和实现全面小康、推进治理体系和治理能力现代化。安康主要结合国家公共文化服务体系示范区的建设，尤其注重在农村基层地区开展基层公共文化服务，使基层文化基础设施和服务水平得到有效提升。安康创新实施了以乡村文化建设"三改革"（乡村文化建设观念改革、治理结构改革、供给侧结构性改革）、"三培育"（培育乡村文化自组织能力、内生性发展动力、乡村文明生长点）、"三结合"（乡村文化建设与脱贫攻坚、新时代文明实践、乡村学校教育相结合）为核心，以乡村治理体系和治理能力现代化为目标的安康乡村公共文化服务新实践，逐步实现了"贫困地区公共文化服务创新发展的安康样板"。

3. "安康模式"：乡村振兴有效衔接模式

陕西安康基于乡村文化建设观念、结合治理结构改革和供给侧结构性改革，进行了理论创新、制度创新和实践创新。安康模式中，公共文化与乡村振兴的有效衔接协调彰显了鲜明的中国特色，有利于健全乡村公共文化服务体系，促进了中国乡村文化繁荣发展，增强了乡村经济实力、生态助力、组织动力，推动了乡村全面振兴进程，创新性地发展了贫困地区的乡村公共文化创新模式，具体模式见图8-5。

一是基层公共文化服务是实现乡村振兴的精神助力和重要保证。首先，乡村基层公共文化服务与乡村旅游等产业的融合有利于优化乡村产业结构、增加乡民收入渠道、提高乡村经济吸引力，进一步优化乡村生产和生态环境、加强乡村基础设施建设、改善乡民基本生活环境，从而实现乡村产业兴旺和乡民生活富裕。其次，乡村基层公共文化服务是实现乡风文明的有效手段。乡村基层公共文化服务以文化育人、文化养人、文化塑人为目标，同时中国特色社会主义核心价值观贯穿乡村基层公共文化服务建设，有助于进一步加强乡村精神文明建设，从而促进乡风文明的实现。最后，乡村基层公共文化服务有利于激发乡民参与乡村治理的主观能动性和创新性，

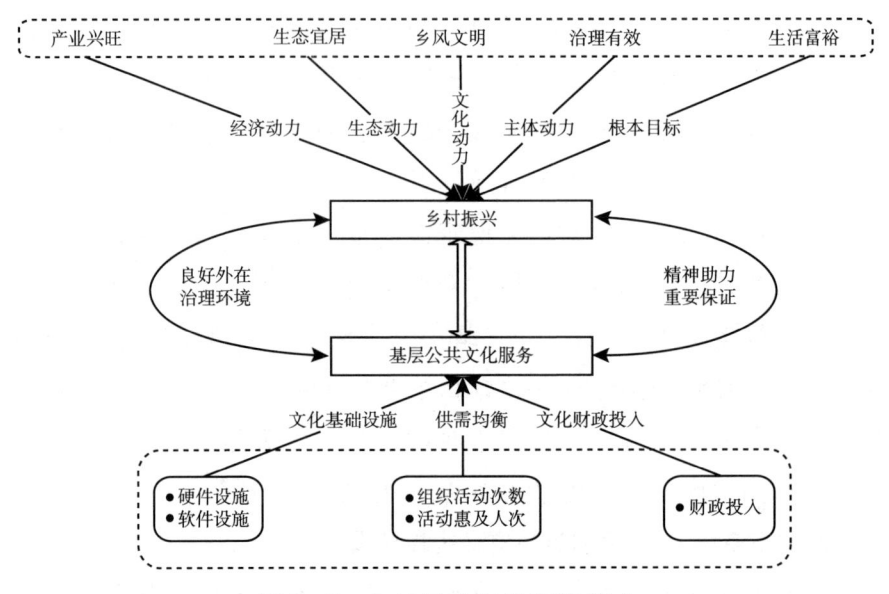

图 8-5　乡村振兴有效衔接模式

从而充分发挥乡民主体作用。高质量的基层公共文化服务有利于为乡民提供正确科学的文化知识，帮助乡民培养积极向上的生活态度，从而提升乡民的思想道德境界，准确把握乡村振兴与基层公共文化服务的互动关系，进而提高乡民主人翁意识，主动投身乡村治理的队伍，最终实现乡村有效治理和乡村振兴。

二是乡村振兴为基层公共文化服务建设提供良好的外在系统环境。首先，随着乡村经济不断发展，加强农业水利设施建设，强化农业科技和设备支持，各省因地制宜发展特色农业、智慧农业，乡村农业经济化和现代化水平不断提升，加之乡村红色旅游发展态势良好，农民收入不断增加，乡村也更加富裕。富裕的乡村有利于为基层公共文化服务的发展提供充足的财政支持，从而提高基层公共文化服务和产品的供给质量，促进基层公共文化服务供给端的发展。其次，随着乡村生态环境和乡民生活条件的改善，乡民对精神层面的文化需求越来越旺盛，重视文化教育投入和文明家风建设，形成良好的乡风氛围，有利于促进基层公共文化服务产品使用和活动开展,推动基层公共文化服务供给创新。最后,乡村组织治理结构的优化使乡村治理效能提升,促进治理主体良性互动,完善基层公共文化服务相关政策法规,促进基层公共文化服务供给质量和效率不断提升,为基层公共文化服务的发展提供良好的政治环境。

第四篇　结语与展望

第九章　中国公共文化服务的政策建议与展望

本章主要包括四部分内容：首先，总结了本书的主要工作及其结论；其次，根据第三章至第八章的研究发现，提出政策建议；再次，总结了论文的主要创新点；最后，对本研究的局限性进行讨论，并对下一步的研究进行展望。

一　主要结论

本书以整体性治理理论为基础，以"公共文化服务"为主题开展研究，提出基于治理要素的公共文化服务TSDEP理论分析框架。此外，综合运用文献研究法、实证研究法和规范研究法，基于我国省级统计数据和陕西省实地调研数据，分别对构成公共文化服务的治理工具、主体与客体、环境与绩效等治理要素进行实证分析与验证，对整体公共文化服务TSDEP模型进行了省级的公共文化服务绩效评价指数的测算，并通过陕西公共文化服务的实践对西部地区的公共文化服务模式进行了总结，最终构建了整体性治理下的公共文化服务绩效评价体系。本书构建的公共文化服务绩效评价体系具有较强的原创性和重要的学术创新价值，对文化强国视角下的公共文化治理具有重要的实践应用价值。主要结论如下：

第一，公共文化服务体系建设是社会发展的必然需求和国家建设文化强国的重要基础。公共文化服务体系的构建具有以下四个作用，对于社会发展的现实意义重大。一是系统整合作用：通过公共文化服务体系，可以整合各个层面的社会资源，将各利益相关者都纳入该体系当中。二是精神导向作用：公共文化服务作为文化事业的重要组成部分，是全体人民实现精神共同富裕的重要路径，其理念的构建会引领社会发展。三是内在激励作用：公共文化服务是为了满足人民日益高涨的精神文化生活需求，能够促进社会和谐。四是外在驱动作用：公共文化服务体系的建设是提升国家文化软实力的重要内容，从而有助于进一步提升国际竞争力。

第二，公共文化服务绩效评价的实证研究有助于科学、准确地把握公共文化服务建设现状和存在的问题。研究和发布省级公共文化服务绩效评价指数，能够准确地把握我国各地区的公共文化服务发展现状。评价指数建立在科学的绩效评价体系之上，评价指标的集约化、科学化、系统化能够客观全面地反映我国31个省份的公共文化服务水平和特质。在公共治理理论和整体性治理理论的指导下，科学系统地剖析各省份公共文化服务绩效的影响因素，能进一步发现各省份在不同治理要素方面存在的优势与不足，从而为政府开展公共文化服务工作的进一步优化与改进提供政策建议。一是公共文化服务治理工具研究：通过内容分析方法，梳理新中国成立以来我国公共文化及其相关公共政策与制度文件，并根据治理工具的不同类型，将其分为供给型政策、需求型政策、保障型政策和激励型政策，构建省级公共文化服务政策模型，运用省级统计数据对其影响因素进行实证分析。研究发现：我国省级公共文化服务政策存在区域差异，供给型政策受区域差异影响最大。其中，东部地区以供给型和保障型政策为主，中部地区以供给型和激励型政策为主，西部地区是供给型、需求型、激励型和保障型四类政策均涉及。二是公共文化服务治理主体与治理客体研究：从公共文化服务治理主体的供给与治理客体的需求视角出发，构建了宏观、中观和微观三个层面的公共文化服务供需分析框架，通过对我国31个省份的文化面板数据进行单因素方差分析和回归分析，验证我国目前公共文化服务供需的深层次问题。研究发现：我国公共文化服务的供需存在东西部与城乡间的显著差异，但我国政府的供给主体单一，并未对不同的供给客体进行区分供给，造成了各层面的供需矛盾。首先是供给对象的需求旺盛但是供给的总量相对滞后；其次是东部城市地区的需求最高，西部农村地区的需求最低；最后是公共文化供给需要多主体参与。三是公共文化服务治理环境与绩效研究：从经济发展水平、政策支持力度、地区文化差异、公共文化财政投入、基础设施建设、文化活动开展、群众文娱需求、文化消费市场等方面分析了我国公共文化服务治理环境和绩效的发展现状，运用省级面板数据进行实证研究，厘清公共文化服务经济环境、政策环境、人口环境和文化环境对公共文化服务公益性、便利性、均等性和基本性的内在影响机制。研究发现：公共文化服务绩效受外在环境影响显著。其中，人口环境的影响作用最明显；经济环境的影响则表现为宏观经济环境影响和微观经济环境影响，对均等性的影响都显著，对基本性的影响表现为微观经济方面的影响，对公益性和便利性的影响表现为宏观经济方面的影响；政策环境主要体现在对公益性和基本性的影响上；文化环境主要体现在对基本性和便利性的影响上。四是系统的基于熵值法的我国省级公共文化服务绩效评价指数研究：从治理工具、治理主体、治理客体、治理效能和治理环境五要素出发，运用熵值法确定指标权重，计算了各省份公共文化服务绩效评价指数。研究发现：从综合评价指数来看我国省级公共文化服务绩效仍存在"东高西低"的态势，东部地区的公共文化服务绩效水平普遍较高，中部地区次之，西部地区最低。其一，治理工具，同质性强，创新性较弱；其二，治理主体，资源配置失衡；其三，治理客体，参与度差异较大；其四，治理效能，"短板省份"问题突出；其五，治理环境，匹配存在滞后性。

第三，公共文化服务模式总结，能够起到基层公共文化服务优秀案例的引领作用。公共文化服务的基层实践能够体现政府基层政策创新的能力，在理论研究的基础上，从实践总结的角度出发，能够更好地使公共文化服务工作"顶天立地"。模式总结案例选取了陕西陕北（延安红色文化深度融合模式）、关中（周至生态旅游融合共生模式）、陕南（安康乡村振兴有效衔接模式）具有特色代表的公共文化服务案例，通过基层实践与政策创新，结合基于治理要素的公共文化服务 TSDEP 分析框架，最终构建我国宏观层面的公共文化服务绩效评价体系。

二　政策建议

（一）发展战略

第一，完善国家公共文化服务的顶层设计。以公共文化服务高质量发展为指导，通过对公共文化服务政策体系及其评价指标体系的构建，以政策制度形式为公共文化服务的进一步推进与落实提供政策基础与保障。

第二，有步骤推进我国公共文化服务绩效目标的实现。要在公共文化服务体系建设管理上把握共性与个性的关系。主要是在建立健全国家基本公共文化服务保障标准、公共文化设施建设管理服务标准、公共文化服务标准化工作机制等标准，确保国家标准严格执行并保证服务质量的前提下，鼓励各地各部门因地制宜建设、管理、使用公共文化服务设施，提供各种形式和内容的公共文化服务。

（二）政策建议

1. 精准对接公共文化服务的供给与需求

一是发展公共文化服务的多元主体。一方面，应发挥市场在文化资源配置、文化需求满足、文化服务调节中的积极作用。不管是基本的还是非基本的公共文化服务，除特殊产品和服务外，在实现方式手段上都要大力引入市场机制和竞争机制。在基本公共文化服务领域，在政府主导、财政保障的基础上，运用政府购买服务、服务外包、定向补助、委托经营等多种形式，引导市场力量参与基本公共文化服务的创作生产、供给，以及公共文化服务设施的建设、管理、使用和运营。在非基本公共文化服务中，除特殊领域和行业外，一律要向市场全部开放，让市场力量进入公共文化服务各个领域和环节。另一方面，对于基本公共文化服务和非基本公共文化服务，政府都应发挥在导向调控、市场监管、质量监控等方面的职能和作用，实现由办文化向管文化转变。基本公共文化服务领域，政府主要是履行主导责任，做好发展规划，落实财政投入，建好服务体系，确保基本公共文化服务效能效果；非基本公共文化服务领域，政府主要是简政放权，建立健全非基本公共文化服务开放目录，培育和壮大公共文化服务市场主体和社会主体，引导和鼓励市场与社会力量全面进入公共文化服务各领域各环节。当前，我国处于社会主义发展初级阶段，公共文化服务及其体系建设任重道远。因此，我们应以均等化为着力点，将其作为初期目标，满足人们的基本文化需要；以城乡一体化为关键点，以中、东、西部联动发展为切入点作为中期目标，保障东、中、西部与城乡文化供给的平衡性与联动性；以均等化为根本点作为长期目标，使公民文化需求得到极大满足，实现人人平等享有同等文化空间与公共文化服务数量和质量。

二是完善公共文化服务个性化供给。在提倡标准化、均等化的前提下，适当提倡个性化、差异化。满足个性需求主要是做好非基本公共文化服务，为不同区域、不同人群提供分众化、精准化的公共文化服务。在具体工作中，要坚持以需求为导向、以效能优先为原则，以促进需求供给与需求有效对接为目标，通过发放补助补贴、建立需求征求和服务反馈机制、建立公共文化服务目录、提供"公共文化服务包"、开展菜单式和订单式服务等方式，让服务对象自主选择、更好享受基本的公共文化消费和服务。此外，还要始终把社会效益放在首位，加强对公共文化服务的管理和引导，提升公共文化服务的正能量，满足人民群众对公共文化服务的共性需求。

三是以标准化促进公共文化服务均等化。基本公共文化服务均等化主要体现为机会均等和一定标准的均等化，它不受公民的收入、地位、种族等因素影响，全体公民都应当公平普遍地享有最低标准的基本公共文化服务（胡税根、宋先龙，2011）。标准化是实现公共文化服务均等化的基本手段，以"标准化"促进"均等化"的具体路径包括服务内容标准化、管理流程标准化、财政预算标准化、中央地方共担机制标准化。这四类标准不仅为各层级政府确定了制度化规范与技术性规范，也保证了公共文化服务资金的可持续性。此外，标准化有利于城乡与东、中、西部最低底线保障的实现，针对各级政府的投入资金、供给内容等方面建立了可量化的指标体系，避免公共文化服务供给"缺位""错位"问题。应大力推进基本公共文化服务标准化、均等化。但这个标准化、均等化主要是指公共文化服务设施建设、管理、使用方面和公共文化服务工作机制的标准化，以及人民群众享受基本公共文化服务质与量的均等化，不是绝对的标准化、均等化，也不是服务内容的标准化、均等化。

四是完善公民需求导向型的精准化供给路径。公民是公共文化服务的消费主体，也是选择服务的需求主体。公民根据自己的教育程度、经济水平、性格特征、职业、环境等因素选择服务的类型和质量，其抉择的过程就是显示主体偏好的过程，通过个性的偏好向集体偏好转化的动态群体决策实现偏好整合与显示（安虎森、何文，2012）。政府对这种集体偏好进行回应从而实现精准化供给，与此同时，还需要设计有效的需求表达路径，提升公民在公共文化服务供给中的话语权与参与权，加强反馈机制的建立与完善，使公共文化服务决策更加科学化、民主化。

五是建立公共文化服务多元化供给体系。基本公共文化服务的公共性和公益性奠定了以政府为责任主体的供给制度，但政府主导不是"政府包办"，政府应扮演引路人、规则制定者的角色，引导社会组织、市场化力量、公民等多元主体的参与，逐渐形成合作化供给模式。在这一模式中，应发挥社会组织、第三部门的中枢性作用，缩短政府与群众之间的距离，同时要鼓励、支持公民的参与和评价；政府在保障购买服务、监督评价体系制度不断完善的过程中，将公共文化服务内容与决策公开化、透明化，调动公民、社会力量参与的积极性，逐渐提高社会力量的专业能力与素养，推动合作化供给模式的良性化发展。

六是建设公共文化服务新型供给方式。信息革命时代使公共文化服务供给方式迎来新机遇，以数字化为代表的新型供给方式有利于图书馆、文化馆等主体提高编辑、修改信息的效率，也增强了公民的体验感与便捷度。依托大数据使信息收集、需求分析实现一体化，能够快速识别、计算运行结果，也方便资料的储存和传输。因此，要建设必备的数字化公共文化服务设施，促进数字化建设的延续发展。同时，建立数字化资源共享平台，实现资源互通互融，建立数字化供给的专业人才队伍，打造人才培训、管理、考核的专业化体系。重视提升工作人员的数字化水平与能力的同时，应加强数字化技术培训与数字化信息处理能力培养，将数字化操作能力纳入考核标准，以人才为助力推动公共文化服务供需平衡。

2. 加快制定高质量公共文化服务政策

公共文化服务建设是一项长期的战略性任务，政府应明确其主体责任，充分发挥其在公共文化服务领域的统筹规划与宏观调控作用，加快制定、实施兼具质与量的公共文化服务相关政策，提升政府公信力。

一是增加省级公共文化服务政策数量。公共文化服务内容繁多、涉及面广，政府部门应以建立全面的公共文化服务政策网络为导向，出台涵盖文化惠民工程、文化志愿者工程、公共空间文化建设、广播电视公共服务、公共文化服务数字化建设、公共文化服务设施等多个方面，全方位的不同类型的公共文化服务相关政策，填补政策缺口，为不同领域、各个方面的公共文化服务活动提供政策引导与支持。

二是确保省级公共文化服务政策质量。首先，应在充分考察不同省市公共文化服务实际发展需要的前提下，有针对性地提出省级公共文化服务政策，因地制宜地制定具有地方特色的省级公共文化服务政策，打造文化品牌。例如，对于宁夏、海南、青海等公共文化服务发展水平较低的省份，可加大对公共文化服务基础建设的政策投入；对于浙江、广东、山东等发展较好的省份，应致力于出台能够满足公众更高层次需求的公共文化服务政策。其次，关注不同文化群体的公共文化需求，提出有针对性的公共文化服务政策。例如，针对老年群体，应制定有关社区文化建设、应急广播体系建设等的公共文化服务政策，并增强相关政策落实性，切实提高公众满意度。

3. 均衡公共文化服务资源配置

基本公共文化服务均等化作为全面建成小康社会的重要目标和保证公众基本文化权益的必然要求，是增进社会融合的重要手段，是促进流动人口发展的重要保障（李晓霞，2014），更是现阶段公共文化服务领域的重要政策议题。

一是丰富公共文化服务资源。公共文化服务资源是开展各类公共文化服务活动的重要载体，可以体现出特定地区文化事业发展水平，同时也是均衡省域公共文化服务资源配置的前提条件。各级政府及文化机构应致力于丰富公共文化服务的内容与形式，制定创新型公共文化服务政策，为公众提供更加广泛、更显多元、更具品质的各类文化资源。例如，借助"互联网+"形成"互联网+农村书屋""互联网+春雨工程"等服务形式，拓宽公共文化服务领域，丰富公共文化服务资源，促进各类公共空间与优质文化资源之间融合发展。

二是完善公共文化服务制度。首先，应合理配置省域公共文化资源，政府部门要做好顶层设计，加大对文化发展落后省份的人力、物力、财力投入力度，积极引进创新人才，提升公共文化服务基础设施利用率，整体推进全国公共文化服务。其次，加强公共文化服务城乡一体化建设。通过整合、开发、利用农村公共文化资源，加强新农村公共文化服务体系建设，解决公共文化服务发展过程中的城乡差异问题，为城乡居民提供基础公共文化服务保障。

4. 建立健全公共文化服务公众参与机制

党的十九届四中全会强调要完善城乡公共文化服务体系，鼓励社会力量参与公共文化服务体系建设，政府应在此基础上结合《关于做好政府向社会力量购买公共文化服务工作的意见》提出的"政府主导、培育市场、立足需求、提高效能"的基本原则，建立健全公共文化服务公众参与机制，促进公共文化服务供给的社会化、市场化。

一是明确政府与公众的公共权利和责任划分。在公共文化服务的整个运行过程中，政府担任"元治理"的角色，要避免大包大揽，适当下放权力给非政府组织和公众，把更多精力投入宏观调控过程中。同时，治理客体在依法使用公共权力的过程中，也要承担相应的责任，因此应设立监察机构，避免公权力的滥用。

二是公共文化服务公众参与平台建设。建立长效、畅通的沟通渠道与反馈机制，有利于释放公众对于公共文化服务的各类需求，实现供需对等。政府应加强各个省份，尤其是发展落后省份的公共文化服务数字化建设，充分利用5G、云计算、大数据、人工智能等新型信息技术，构建线上公众参与平台，进一步拓宽公众参与路径，实现公共文化服务公众参与的"智慧化"。

三是建立激励机制。首先，结合地区文化资源特色，积极开展大众化、普惠性的公共文化服务活动，尤其是要调动西部地区公众的文化参与热情，通过培育文化志愿者队伍扩大公众参与范围，提升公众参与度。其次，通过制定和发布财政、税收等方面的优惠政策，调动文化企业积极介入公共文化服务建设过程中来，有利于缓解政府财政压力。同时，适度的市场竞争有利于盘活文化市场，提供更加优质的公共产品与服务，进而提升公共文化服务水平。

5. 加快实现公共文化服务"投入—产出"效能最大化

政府应以公共利益、公众需求为导向，关注"短板省份"，促进文化部门收支平衡，加快实现公共文化服务供给与需求效能对等，助力公共文化服务高效化。

一是关注社会效益的产出。政府及各类文化机构应始终将公共利益放在首位，以满足广大人民群众日益增长的精神文化需要为总目标，推进公共文化服务建设。在公共文化服务领域，根据"成本—收益"原则，对于公共文化服务发展水平较低的省份，政府部门须关注公共图书馆总流通人次、博物馆参观人次等需求效能类指标，聚焦社会效益最大化的实现，进而提升公众满意度。

二是促进公共文化服务收支平衡。一方面，"短板省份"可通过由公共图书馆、博物馆、艺术表演团体等文化机构创新设计文创产品、区域特色产品与服务激发文化消费市场活力，提升居民文化娱乐消费水平，增加文化机构总收入。另一方面，还应综合考察本地区经济发展水平、人口总量与结构和公众实际需要等现实因素，及时调整文化事业费的投入，促进文化机构的收支平衡，从整体上推动公共文化服务"投入—产出""供给—需求"效能的最大化。

6. 优化公共文化服务治理环境

公共文化服务治理环境是影响公共文化服务发展水平的重要外部因素，是动态发展的，需要不断优化。

一是区域经济发展水平对地区基本公共文化服务有很强的影响力。各省份要积极推动深化体制改革，激发区域创新活力，进一步形成区域协同创新，形成东中西互动、区域经济协同发展模式，加快实现各类公共空间与优质文化资源之间融合共享、共通、共建、共有，发挥共同联动作用。

二是打造地区特色文化品牌。立足于各省份实际，根据各地区地理位置、传统文化等客观条件创新资源使用方式。例如，东部地区具有沿海的地理优势，东北地区森林矿产资源丰富，可根据这些地区特色制定具有科学性、针对性、可行性的长期发展规划，实现区域文化的属地激活，打造地区特色文化品牌，优化省级公共文化服务生态环境，进一步促进公共文化服务的大发展。

三 创新点

第一，基于整体性治理视角系统研究我国公共文化服务的研究视角创新。基于整体性治理的研究视角，从省级层面出发，兼顾公平与效率的研究理念，构建出科学的公共文化服务绩效评价体系，从宏观层面系统地剖析了我国公共文化服务绩效评价领域存在的问题，有助于拓宽研究视角，为全面系统构建省级公共文化服务绩效评价体系打好理论基础。

第二，基于治理要素的公共治理理论分析框架研究我国公共文化服务的研究理论创新。结合整体性治理理论，从治理工具、治理主体、治理客体、治理效能、治理环境五个层面系统地阐述了公共文化服务绩效评价的内外在影响因素，建立合理有效的公共文化服务绩效评价理论分析框架，厘清了公共文化服务绩效评价的内在逻辑，有助于横向扩大研究范围，纵向深挖研究内涵。

第三，通过熵值法研究我国省级公共文化服务绩效评价指数的研究方法创新。已有研究大多为公共文化服务绩效的内涵辨析与指标体系的探讨，实证研究较少。本书采取定量与定性相结合的方法，对公共文化服务绩效评价问题进行了探索性的实证检验，体现了研究方法上的交叉融合，一定程度上弥补了公共文化治理领域定量研究不足的空缺。

第四，基于定量分析结果为政府开展公共文化服务工作提供基础的成果应用创新。本书研究了公共文化服务的治理主体、治理客体、治理工具、治理环境、治理绩效之间的关系，对于判断目前我国省级公共文化服务绩效的治理现状提供了实践与理论依据，并将这些治理要素通过整体性治理理论纳入公共文化服务绩效评价治理体系，有助于克服现有研究仅仅从某几个治理要素出发来研究公共文化服务绩效评价的碎片化问题。

四 研究局限与未来展望

（一）研究局限

（1）数据收集的可靠和可用性。本书所使用的数据不仅包括项目组的调查数据，而且利用了不同时期、不同部门的统计和普查数据，如何保证这些数据可用和可靠是研究顺利进行的基础。有关数据的难点包括两部分：其一，对于宏观统计数据，难点主要集中在统计口径有差异的情况下，如何使不同数据间可以相互印证，为有关公共文化服务的宏观研究提供可靠、可信的数据基础；其二，对于微观调查数据的难点则是如何保证调查方案和调查问卷设计的合理性和可用性。调查方案和调查问卷的设计不但是调查成败的关键，而且关系到收集的数据是否满足本项目的需要，直接影响本项目的研究目的是否可以实现，因此要保证调查方案和调查问卷在实际调查中简明可行，收集的数据全面、可用。

（2）测度指标体系与测度方法研究。本书发展一系列有关公共文化服务下不同层面、不同内容和不同环境的测度指标体系，并提出相应的测度方法与工具。如何在保证这些指标体系设计体现公共文化服务针对性的同时，兼顾其普适性，是指标研究需要突破的难点。

（二）未来展望

公共文化服务是我国文化建设的重要组成部分，是提升国家文化软实力的重要抓手。"十四五"时期国家战略全面转向乡村振兴，国家正朝着第二个百年奋斗目标前进，其中公共文化服务作为精神共同富裕的重要方面，可以同乡村振兴、共同富裕结合起来进行深化研究，探索公共文化服务的绩效和其对乡村振兴以及精神共同富裕的深层次作用机制。

1. 面向精神共同富裕的公共文化服务

社会主义共同富裕是物质共同富裕和精神共同富裕的统一。我国经过改革开放40多年经济的高速发展，社会物质富裕已经达到比较高的水平，物质贫困状况总体上得到很大程度的缓解，人民生活水平不断提升。但物质高速发展带来的生活富裕不一定带来同样发展程度的精神富裕，人民群众的精神水平并没有随着物质生活水平的不断发展而同步提升。目前，精神贫困已经成为我国实现社会主义共同富裕伟大目标过程中亟须解决的时代难题。然而该如何实现精神共同富裕，立足我国实际国情，精神生活共同富裕显示出更为宽广的理论空间和现实意义（柏路，2022），探索实现精神富裕的路径对实现社会主义共同富裕具有十分重要的现实意义。

首先，公共文化服务是精神共同富裕的实践抓手。马克思主义指出，不仅要解释世界，更需要改变世界。公共文化服务均等化就是通过政府对于公共文化服务公共政策的实施，实现全体人民群众均等化共享公共文化服务的重要方式。人民群众的文化需求内容涵盖很广，包括教育、文化娱乐、体育健身、旅游、休闲观光等，需要自觉地加以规范、引导与建构。2015年，印发《关于加快构建现代公共文化服务体系的意见》《国家基本公共文化服务指导标准（2015~2020年）》。推进标准化建设，是保障群众基本文化权益、让群众能够普遍均等地享有公共文化服务的一项基础性改革。公共文化服务能够发挥传播文化思想、陶冶社会情操、凝聚大众人心、振奋民族精神、积蓄精神力量等多方面作用。十九大之后，人民群众对于美好生活有了新期望，其中对精神文化需求也产生了新的期盼，人民群众的文化生活出现了品质化、个性化、多样化的需求。为了满足人民群众日益增长的精神文化需求，不断丰富群众精神文化生活，政府在公共文化服务的供给侧改革中大力推出了品质优秀、人民群众喜闻乐见的文化产品，同时也结合公共文化服务高质量发展开展了高质量的公共文化活动，为社会提供更加丰富的精神食粮。

其次，公共文化服务均等化是精神共同富裕的媒介桥梁。从政府供给的视角出发，由政府主导、社会参与，形成普及文化知识、传播先进文化、提供精神食粮、满足人民群众文化需求、保障人民群众基本文化权益的各种公益性文化机构和服务，是公共文化服务均等化的重要内涵。作为公共文化服务重要载体的图书馆、文化馆、博物馆以及基层的文化站都成为人民群众享受公共文化服务的重要场所。近年来，随着社会的广泛参与和文旅融合的发展，城市书房、城市公共空间、乡村旅游、生态旅游等也成为公共文化服务的供给平台。

2. 公共文化服务赋能乡村振兴

首先，实现公共文化服务基本要求是乡村振兴的基础保障。公共文化服务的基本性：农村基本文化需求。公共文化服务首先需要保障人民群众的基本公共文化需求。因此，公共文化服务的基本性主要反映政府对公共文化的投入和保障程度。公共文化服务的公益性：制度优势与特色。公共文化服务的公益性主要体现在基本公共文化机构的建设上，保证群众充分免费体验公共文化服务活动和产品。三馆一站的免费开放，文旅融合的免费旅游，农家书屋、文艺汇演免费等内容体现了公共文化服务的公益性，同时也满足了农村居民的文化生活基本需要。公共文化服务的便利性：城乡统筹发展。公共文化服务的便利性体现了公众文化参与程度，也是检验各省份公共文化服务开展质量的有效要素。公共图书馆的总分馆制、送戏下乡等活动充分体现了城市带动农村发展的进程。公共文化服务的均等化：城乡均衡发展。长期以来，中国农村地区的公共文化服务严重滞后于城市的发展（尚子娟、任禹崑，2022），由于我国城乡经济与社会发展的差异，农村成为公共文化服务的薄弱环节。公共文化服务的均等性体现为平均和平等，建设成果由人民群众平均、平等享用。

其次，公共文化服务高质量发展为乡村振兴提供精神动力。乡村文化产业可以有效地改善农村生活环境与生态环境。乡村基层公共文化服务与乡村旅游等产业的融合有利于优化乡村产业结构、拓展乡民收入渠道、提高乡村经济吸引力，进一步优化乡村生产和生态环境、加强乡村基础设施建设、改善乡民基本生活环境，从而实现乡村产业兴旺和乡民生活富裕。乡村文化阵地是乡风文明建设的重要物质平台。乡村基层公共文化服务是实现乡风文明的有效手段。乡村基层公共文化服务以"文化育人、文化养人、文化塑人"为目标，同时中国特色社会主义核心价值观贯穿乡村基层公共文化服务建设，有利于进一步加强乡村精神文明建设，从而促进乡风文明的实现。农村群众文化活动是丰富精神生活与提升群众幸福感的载体。乡村基层公共文化服务有利于激发乡民参与乡村治理的主观能动性和创新性，从而充分发挥乡民主体作用。高质量的基层公共文化服务有利于为乡民提供正确科学的文化知识和积极向上的生活态度，从而提升乡民的思想道德境界，使乡民准确把握乡村振兴与基层公共文化服务的互动关系，进而提高主人翁意识，主动投身乡村治理的队伍，最终实现乡村有效治理和乡村振兴。

参考文献

[1] Adams E. Towards sustainability indicators for museums in Australia [D/OL]. Collections Council of Australia Ltd, http://www.collectionscoun com. au/Default. aspx? tabid=802, 2009.

[2] Afonso A, Fernandes S. Measuring local government spending efficiency: Evidence for the Lisbon region [J]. Regional Studies, 2006, 40 (1).

[3] Agid P, Tarondeau J-C. Governance of major cultural institutions: the case of the Paris opera [J]. International Journal of Art Agement, 2007, 10 (1).

[4] Andrews R, Boyne G A, Law J, et al. External constraints on local service standards: the case of comprehensive performance assessment in English local government [J]. Public Administration, 2005, 83 (3).

[5] Andrews R. Civic Culture and public service failure: an empirical exploration [J]. Urban Studies, 2007, 44 (4).

[6] Bertacchini E, Nogare C D. Public Provision vs outsourcing of cultural services: evidence from Italian cities [J]. European Journal of Political Economy, 2014, 35.

[7] Duncan K D. Characteristics of organizational environments and perceived environmental uncertainty [J]. Administrative Science Quarterly, 1972, 17 (5).

[8] Ekatering V Z. Incentives to provide local public goods: fiscal

federalism, Russian style [J]. Journal of Public Economics, 2000, 76 (3).

[9] Hatry H P. Performance measurement: fashions and fallacies [J]. Public Performance & Management Review, 2002, 25 (4).

[10] Hood C C. The Tools of Government [M]. The Macmillian Press LTD, 1983.

[11] Howlett M, Ramesh M. Studying public policy: policy cycles and policy subsystems [J]. American Political Association, 2009, 91 (2).

[12] Jin H, Butsic V, He W, et al. Historical accountability for equitable, efficient, and sustainable allocation of the right to emit wastewater in China [J]. Entropy, 2018, 20 (12).

[13] Jörg Rössel, Sebastian Weingartner. Nothing but the cuckoo clock? Determinants of public funding of culture in Switzerland, 1977 - 2010 [J]. Poetics, 2015, 49.

[14] Kidd D. Public culture in America: a review of cultural policy debates [J]. The Journal of Arts Management, Law, and Society, 2012, 42 (1).

[15] Last A K, Wetzel H. Baumol's cost disease, efficiency, and productivity in the performing arts: an analysis of German public theaters [J]. Journal of Cultural Economics, 2011, 35 (3).

[16] Leat D, Setzler K, Stoker G. Towards holistic governance: the new reform agenda [M]. Palgrave, 2002.

[17] Lee S Y, Whitford A B. Assessing the effects of organizational resources on public agency performance: evidence from the US federal government [J]. Journal of Public Administration Research & Theory, 2013, 23 (3).

[18] Li S, Filer L. The effects of the governance environment on the choice of investment mode and the strategic implications [J].

Journal of World Business, 2007, 42 (1).

[19] Mihočć G. Performance evaluation in public libraries [J]. Vjesnik Bibliotekara Hrvatske, 2011, 54 (4).

[20] Nispen F, Peters B G. Public Policy Instruments: Evaluating the Tools of Public Administration [M]. E. Elgar, 1998.

[21] Paberza K. Towards an assessment of public library value: statistics on the policy makers' agenda [J]. IGI Global, 2010, (2).

[22] Pizer I H, Cain A M. Objective tests of library performance [J]. Special Libraries, 1968, 59 (9).

[23] Powell D M W. The iron cage revisited: institutional isomorphism and collective rationality in organizational fields [J]. American Sociological Review, 1983, 48 (2).

[24] Ragaigne A. Functions of the evaluation of public services by users' satisfaction, between discipline and learning [J]. Comptabilite Controle Audit, 2011, 17 (2).

[25] Ritz A, Brewer G A. Does societal culture affect public service motivation? evidence of sub-national differences in Switzerland [J]. International Public Management Journal, 2013, 16 (2).

[26] Saad, Germaine H. Strategic performance evaluation: descriptive and prescriptive analysis [J]. Industrial Management & Data Systems, 2001, 101 (8).

[27] Saich T. The quality of governance in China: the citizens' view [J]. Working Paper Series, 2012.

[28] Taboada G L, Tourio J, Doallo R. Performance analysis of message-passing libraries on high-speed clusters [J]. Computer Systems Science and Engineering, 2010, 25 (1).

[29] Taheri H, Ansari S. Measuring the relative efficiency of cultural-historical museums in Tehran: DEA approach [J]. Journal of

Cultural Heritage, 2013, 14 (5).

[30] Torres L, Pina V, Yetano A. Performance measurement in Spanish local governments. a cross-case comparison study [J]. Public Administration, 2011, 89 (3).

[31] Wilson C, Hagarty D, Gauthier J. Results using the balanced scorecard in the public sector [J]. Journal of Corporate Real Estate, 2004, 6 (1).

[32] Xia H, Hong Z F. Study on the current situation and countermeasures for allocation of public health resource in rural areas of China [J]. Journal of Environmental & Occupational Medicine, 2010, 27 (6).

[33] Young S, Thyil V. A holistic model of corporate governance: a new research framework [J]. Corporate Governance, 2008, 8 (1).

[34] Zhuravskaya V E. Incentives to provide local public goods: fiscal federalism, Russian style [J]. Journal of Public Economics, 2000, 76 (3).

[35] 安虎森,何文. 区域差距内生机制与区域协调发展总体思路 [J]. 探索与争鸣, 2012, (7).

[36] 安彦林,李齐云. 财政分权与地方政府公共文化服务供给 [J]. 广东财经大学学报, 2017, 32 (3).

[37] 柏路. 精神生活共同富裕的时代意涵与价值遵循 [J]. 马克思主义研究, 2022, 260 (2).

[38] 波伊斯特. 公共与非营利组织绩效考评:方法与应用 [M]. 肖鸣政译. 中国人民大学出版社, 2005.

[39] 曹树金,刘慧云,王雨. 我国公共文化服务政策演进 (2009-2018) [J]. 图书馆论坛, 2019, 39 (9).

[40] 陈建. 超越结构性失灵:农村公共文化服务供给侧改革研究 [J]. 图书馆建设, 2017a, (9).

［41］陈建．农村公共文化服务碎片化问题研究——以整体性治理为视角［J］．图书馆工作与研究，2017 b，（8）．

［42］陈建．制度与生活：我国公共文化治理现代化的学理解释与行动路径［J］．图书馆建设，2022，（8）．

［43］陈旭佳．效果均等标准下基本公共文化服务均等化研究［J］．当代经济管理，2016，38（11）．

［44］陈振明．公共管理学［M］．中国人民大学出版社，2005．

［45］陈振明．政策科学：公共政策分析导论［M］．中国人民大学出版社，2003．

［46］方坤．重塑文化空间：公共文化服务建设的空间转向［J］．云南行政学院学报，2015，17（6）．

［47］方堃．农村公共服务平台的结构及功能：整体性治理视角——从"条块分割"到"协同耦合"的理论与实证研究［J］．农村经济，2012，（4）．

［48］方永恒，李今今．我国地方政府购买公共文化服务政策：历程、困境与创新［J］．华中科技大学学报（社会科学版），2020，34（1）．

［49］傅才武，申念衢．当代中国文化政策研究中的十大前沿问题［J］．华中师范大学学报（人文社会科学版），2019，58（1）．

［50］傅利平，何勇军，李军辉．政府公共文化服务绩效评价研究［J］．中国财政，2013，（7）．

［51］甘晓莹．构建青海文化建设财政保障机制研究［J］．青海社会科学，2013，（2）．

［52］高建华．区域公共管理视域下的整体性治理：跨界治理的一个分析框架［J］．中国行政管理，2010，（11）．

［53］高小平，盛明科，刘杰．中国绩效管理的实践与理论［J］．中国社会科学，2011，（6）．

［54］郭远远，陈世香．改革开放40年来文化建设定位的历史演变

与未来展望——基于历年国务院政策文本的分析［J］．中南大学学报（社会科学版），2018，24（1）．

[55] 韩军，刘学芝．基于超效率DEA的公共文化服务供给效率及其影响因素研究［J］．宏观经济研究，2019，(3)．

[56] 胡恒钊．新时代我国农村公共文化服务体系建设的路径选择［J］．理论导刊，2018，(6)．

[57] 胡慧源．中国省域博物馆服务效率区域差异：走势、原因及启示［J］．深圳大学学报（人文社会科学版），2020，37（6）．

[58] 胡剑，徐茂华．公共文化发展的评估指标体系及其构建［J］．重庆社会科学，2013，(10)．

[59] 胡景涛，董楠．公共绩效管理文献回顾与评述［J］．财政研究，2013，(2)．

[60] 胡税根，莫锦江，李军良．公共文化资源整合绩效评估指标体系构建与实证研究［J］．理论探讨，2018，(2)．

[61] 胡税根，宋先龙．我国西部地区基本公共文化服务均等化问题研究［J］．天津行政学院学报，2011，13（1）．

[62] 胡税根，李倩．我国公共文化服务政策发展研究［J］．华中师范大学学报（人文社会科学版），2015，54（2）．

[63] 胡智锋，杨乘虎．免费开放：国家公共文化服务体系的发展与创新［J］．清华大学学报（哲学社会科学版），2013，(1)．

[64] 嵇婷，吴政．公共文化服务大数据的来源、采集与分析研究［J］．图书馆建设，2015，(11)．

[65] 姜雯昱，曹俊文．以数字化促进公共文化服务精准化供给：实践、困境与对策［J］．求实，2018，446（6）．

[66] 金成．以生态健康旅游带动农村经济增长的探索［J］．环境保护，2021，49（15）．

[67] 荆晓燕，赵立波．社会力量参与公共文化服务体系建设研究［J］．中共福建省委党校学报，2015，(5)．

[68] 柯平,朱明,何颖芳.构建我国基本公共文化服务体系研究[J].国家图书馆学刊,2015,24(2).

[69] 李德国,蔡晶晶.作为公共管理的治理理论[J].理论与现代化,2004,5.

[70] 李海娟,顾建光.我国公共文化服务供给与需求的辩证关系及矛盾分析[J].毛泽东邓小平理论研究,2017,(2).

[71] 李金龙,刘巧兰.话语赋权:农村公共文化服务高质量供给的基本保障[J].图书馆建设,2018,(10).

[72] 李娟,梅国宏.公共文化服务水平评价指标体系的构建[J].河北联合大学学报(社会科学版),2016,16(5).

[73] 李少惠,王婷.我国公共文化服务政策的价值识别及演进逻辑[J].图书馆,2019,(9).

[74] 李少惠,王婷.我国公共文化服务政策的演进脉络与结构特征——基于139份政策文本的实证分析[J].山东大学学报(哲学社会科学版),2019,(2).

[75] 李少惠,余君萍.公共治理视野下我国农村公共文化服务绩效评估研究[J].图书与情报,2009,(6).

[76] 李树茁,尚子娟,杨博,等.中国性别失衡问题的社会管理:整体性治理框架[J].公共管理学报,2012,(4).

[77] 李细归,肖鹏南,吴清,等.中国公共图书馆时空格局演变及影响因素研究[J].人文地理,2019,34(1).

[78] 李晓霞.融合与发展:流动人口基本公共服务均等化的思考[J].华东理工大学学报(社会科学版),2014,29(2).

[79] 廖晓明,徐海晴.新时代农村公共文化服务供需问题探析[J].长白学刊,2019,(1).

[80] 廖章庭.论海西农村公共文化服务供给主体的多元化[J].漳州师范学院学报(哲学社会科学版),2011,25(4).

[81] 刘大伟,于树贵.新时代公共文化服务绩效评价的结构转向

[J]．江西师范大学学报（哲学社会科学版），2019，52（6）．

［82］刘芳．政府绩效评估的实证研究［D］．东北财经大学，2007．

［83］刘红梅．红色旅游与红色文化传承研究［D］．湘潭大学，2012．

［84］刘淑萍，辛冲冲，周全林．中国公共文化服务支出区域差异的实证考察——基于泰尔指数测算及分解分析［J］．财经论丛，2019，（3）．

［85］刘小琴．公共文化服务均等化的路径［J］．图书馆杂志，2017，36（12）．

［86］刘雨辰．试析转型期我国公共治理结构的重塑——基于线型治理结构向网络治理结构转换的考察［J］．济南大学学报（社会科学版），2012，22（5）．

［87］芦苇青，王兵，徐琳瑜．一种省域综合生态补偿绩效评价方法与应用［J］．生态经济，2020，36（4）．

［88］吕芳．公共服务政策制定过程中的主体间互动机制——以公共文化服务政策为例［J］．政治学研究，2019，（3）．

［89］马海涛，龙军．公共文化服务体系建设与财税政策支持——基于原理、制约和路径的分析［J］．铜陵学院学报，2007，（6）．

［90］马雪松，杨楠．我国农村基本公共文化服务供求失衡问题研究［J］．中共福建省委党校学报，2016，（10）．

［91］马艳霞．公共文化服务供给模式研究综述［J］．图书情报工作，2013，57（23）．

［92］马玉霜，张爱萍．文化扶贫视野下新疆公共文化服务财政绩效研究——基于DEA-tobit模型［J］．产业与科技论坛，2019，18（22）．

［93］毛寿龙．公共管理与治道变革——政府公共管理创新的治道变革意义［J］．中国特色社会主义研究，2004，（1）．

［94］毛雁冰，韩玉．新常态下公共文化服务供给水平的实证分析

[J]. 图书馆论坛, 2015, 35 (12).

[95] 苗瑞丹, 闫旭杰. 新发展阶段推进文化共享的逻辑理路 [J]. 马克思主义理论教学与研究, 2021, 1 (4).

[96] 彭程, 胡玉华, 骆杨柳, 等. 基于AHP分析法的浙江省基本公共文化服务标准体系构建实证研究 [J]. 标准科学, 2016, (6).

[97] 祁述裕, 曹伟. 构建现代公共文化服务体系应处理好的若干关系 [J]. 国家行政学院学报, 2015, (2).

[98] 庆海涛. 公共文化服务供给侧改革方向与路径研究 [J]. 图书馆, 2018, (8).

[99] 任宗哲, 白宽犁, 王长寿. 陕西文化发展报告 (2016) [M]. 社会科学文献出版社, 2016.

[100] 上海高校都市文化E-研究院. 2011年全国31个省市自治区公共文化服务指数蓝皮书 [M]. 北京: 商务印书馆, 2012.

[101] 尚子娟, 任禹崑. 公益、基本、均等和便利: 公共文化服务绩效的环境影响因素研究 [J]. 图书馆理论与实践, 2022, (1).

[102] 尚子娟, 杨雪燕, 毕雅丽. 性别失衡治理工具选择模型的实证研究——以国家"关爱女孩行动"43个试点县区为例 [J]. 西安交通大学学报 (社会科学版), 2012, 32 (1).

[103] 申亮, 王玉燕. 我国公共文化服务政府供给效率的测度与检验 [J]. 上海财经大学学报, 2017, 19 (2).

[104] 沈东伟. 从图书馆建设看陕西农村公共文化服务体系建设研究 [J]. 情报杂志, 2009, 28 (S1).

[105] 束漫. 影响城市公共图书馆服务的大环境因素 [J]. 图书馆论坛, 2007, (1).

[106] 宋英杰, 曲静雅, 吕璀璀. 文化差异与地区公共文化服务供给——基于财政分权的视角 [J]. 财经研究, 2019, 45 (10).

[107] 苏祥, 周长城, 张含雪. "以公众为导向"的公共文化服务绩效评估: 理论基础与指标体系 [J]. 黑龙江社会科学, 2016, (5).

[108] 苏哲. 新公共服务——服务，而不是掌舵 [J]. 江苏警官学院学报, 2004, 19 (4).

[109] 滕翠华, 许可. 供给侧改革视域下城乡文化一体化发展问题研究 [J]. 天津行政学院学报, 2016, 18 (6).

[110] 滕世华. 治理理论与政府改革 [J]. 福建行政学院福建经济管理干部学院学报, 2002, (3).

[111] 万林艳. 公共文化及其在当代中国的发展 [J]. 中国人民大学学报, 2006, (1).

[112] 万易, 赵媛, 陈家清. 基于耦合协调模型的图书馆公共文化服务充分性发展评价指标体系构建 [J]. 国家图书馆学刊, 2021, 30 (6).

[113] 汪圣, 刘旭青. 政策工具视角下我国公共文化服务政策研究 [J]. 图书馆工作与研究, 2018, (2).

[114] 王迪. 坚持人民立场: 城镇公共文化服务的五点转向 [J]. 国家行政学院学报, 2018, (5).

[115] 王家合, 杨德燕, 杨嬛. 促进公共文化服务政策工具与目标的协同匹配 [J]. 新视野, 2020, (5).

[116] 王京生. 文化治理要立足实现公民文化权利 [N]. 人民日报海外版, 2015 年 1 月 14 日.

[117] 王珂, 郭晓曦, 李梅香. 长三角大湾区城市群生态文明绩效评价——基于因子分析与熵值法的结合分析 [J]. 生态经济, 2020, 36 (4).

[118] 王克强, 马克星, 刘红梅. 政府购买社会组织服务项目的绩效评价经验、问题及提升战略——基于上海市的调研访谈 [J]. 中国行政管理, 2019, (7).

[119] 王伟昌. 统治、管理、治理——政府工具的新治理范式变迁 [J]. 四川行政学院学报, 2005, (2).

[120] 王学琴, 陈雅. 公共文化服务绩效评估基本理论辨析 [J].

图书馆, 2015, (7).

[121] 王学琴, 陈雅. 国内外公共文化服务绩效评估比较研究 [J]. 情报资料工作, 2014, (6).

[122] 王燕, 孙德亮, 张军以, 周秋文. 贵州乡村生态旅游发展现状及对策 [J]. 贵州农业科学, 2013, 41 (6).

[123] 王杨. 从脱轨到耦合: 公共文化服务供给的价值诉求 [J]. 求实, 2019, (6).

[124] 王银梅, 朱耘婵. 基于面板数据的地方政府公共文化支出效率研究 [J]. 经济问题, 2015, (06).

[125] 韦景竹, 李率男. 基于DEA模型的公共文化云平台运营效率研究 [J]. 情报资料工作, 2020, 41 (4).

[126] 魏峻. 关于博物馆定义和未来发展的若干思考 [J]. 中国博物馆, 2018, (4).

[127] 魏鹏举, 戴俊骋. 中国公共文化经济政策探析 [J]. 中国行政管理, 2016, (12).

[128] 巫志南. 公共文化产品和服务精准供给研究 [J]. 图书与情报, 2019, (1).

[129] 吴江, 申丽娟, 魏勇. 贫困地区公共文化服务均等化: 政策演进、效能评价与提升路径 [J]. 西南大学学报 (社会科学版), 2019, 45 (5).

[130] 吴理财. 把治理引入公共文化服务 [J]. 探索与争鸣, 2012, 1 (6).

[131] 习近平. 中华人民共和国公共文化服务保障法 [J]. 当代兵团, 2017, (5).

[132] 夏国锋. 从权利到治理: 公共文化服务研究的话语转向 [J]. 湘潭大学学报 (哲学社会科学版), 2014, 38 (5).

[133] 夏明春, 王云娣. 我国公共文化服务的区域性差异及均衡发展策略 [J]. 浙江师范大学学报 (社会科学版), 2017, 42 (5).

[134] 向程,唐仲霞,李环.乡村旅游核心利益相关者协调发展评价研究——以青海省海东市互助土族自治县小庄村为例[J].西部经济管理论,2020,31(6).

[135] 向勇,喻文益.公共文化服务绩效评估的模型研究与政策建议[J].现代经济探讨,2008,(1).

[136] 肖希明,完颜邓邓.以数字化促进基本公共文化服务均等化的实践研究[J].图书馆工作与研究,2016,1(8).

[137] 谢佳祎.富锦市公共文化服务体系建设现状及未来发展方向[D].黑龙江大学,2010.

[138] 闫平.试论公共文化服务体系建设[J].理论学刊,2007,(12).

[139] 闫小斌,段小虎,贾守军,等.超越结构性失衡:农村公共文化服务供给驱动与需求引导的结合[J].图书馆论坛,2018,(6).

[140] 颜玉凡,叶南客.大都市社区公共文化需求的代际差异与治理对策[J].南京社会科学,2016,(3).

[141] 杨刚.城市社区公共文化服务行政化供给研究[J].文化艺术研究,2018,11(1).

[142] 杨林,王璐.城乡公共文化服务资源非均衡配置的影响因素及其改进[J].宏观质量研究,2017,5(3).

[143] 杨林,许敬轩.地方财政公共文化服务支出效率评价与影响因素[J].中央财经大学学报,2013,(4).

[144] 杨林.结构性改革背景下政府如何有效供给公共文化服务?——基于供需协调视角[J].中央财经大学学报,2017,(8).

[145] 杨秀云,赵科翔,苏祎.我国公共文化服务水平及其影响因素[J].西安交通大学学报(社会科学版),2016,36(5).

[146] 杨雪燕,李树茁.国际视野中的性别失衡公共治理:比较与借鉴[J].公共管理学报,2009,6(3).

[147] 姚林香,欧阳建勇.我国农村公共文化服务财政政策绩效的

实证分析——基于 DEA-Tobit 理论模型［J］. 财政研究, 2018,（4）.

［148］于泽, 朱学义. 文化强省评估指标体系研究［J］. 统计与决策, 2014,（5）.

［149］余波, 张妍妍, 郭蕾, 等. 贫困地区公共图书馆数字化建设策略研究［J］. 图书馆, 2018（6）.

［150］余冬林, 谭海艳. 2005—2013 年我国公共文化服务财政投入与产出的绩效评价——基于主成分分析［J］. 老区建设, 2016,（64）.

［151］余胜. 关于图书馆绩效评估的研究与实践［J］. 中国图书馆学报, 2006, 32（4）.

［152］俞可平, 徐秀丽. 中国农村治理的历史与现状——以定县、邹平和江宁为例的比较分析［J］. 经济社会体制比较, 2004,（2）.

［153］俞可平. 增量政治改革与社会主义文明建设［J］. 公共管理学报, 2004,（1）.

［154］翟小会. 基于文化治理理论的"三维"公共文化服务绩效评估框架构建研究［J］. 领导科学, 2020,（22）.

［155］张广钦, 李剑. 基于平衡计分卡的公共文化机构绩效评价统一指标体系研究［J］. 图书馆建设, 2017,（9）.

［156］张海涛. 借助数字化提升公共文化服务水平［J］. 人民论坛, 2018, 610（29）.

［157］张敏敏, 黄晓丽. 文化需求视角下现代公共文化服务体系建设研究——以东莞市长安镇实地调查数据为例［J］. 黑龙江社会科学, 2016,（5）.

［158］张青. 农村公共文化服务需求表达流程设计［J］. 北京行政学院学报, 2017,（3）.

［159］张筱强, 陈宇飞. 充分保障人民的基本文化权益［J］. 中共中央党校学报, 2008, 12（3）.

[160] 张璋. 20世纪80年代以来的全球行政改革：背景、理论、举措与经验 [J]. 北京行政学院学报, 2002, (4).

[161] 赵靖芳. 政府治理工具的选择与应用研究 [D]: 华东师范大学, 2007.

[162] 赵益民, 姜晨旻. 基于熵值加权综合指数法的公共文化服务发展指数研究 [J]. 国家图书馆学刊, 2020, 29 (4).

[163] 赵迎芳. 当代中国公共文化服务均等化的路径选择 [J]. 云南社会科学, 2016, (5).

[164] 周长城, 张含雪, 李俊峰. 文化强国的构建重心：公共文化服务体系现状、研究及其启示 [J]. 黑龙江社会科学, 2016, (5).

[165] 周鸿雁. 我国公共文化服务供给侧存在的问题及对策——从公众评价的视角 [J]. 华中科技大学学报（社会科学版）, 2016, 30 (6).

[166] 周晓丽, 毛寿龙. 论我国公共文化服务及其模式选择 [J]. 江苏社会科学, 2008, (1).

[167] 朱旭光, 王莹. 公共文化服务绩效评估体系研究：基本框架与政策建议 [J]. 中国出版, 2016, (21).

[168] 朱艳鑫, 赵立波. 公共文化服务绩效评价：基于DEA的实证研究 [J]. 山东行政学院学报, 2013, (1).

[169] 竺乾威. 从新公共管理到整体性治理 [J]. 中国行政管理, 2008, (10).

[170] 邹慧君. 把脉乡村公共文化服务建设 [J]. 前线, 2018, 459 (12).

图书在版编目(CIP)数据

公共文化服务绩效评价与体系构建/尚子娟著.--北京：社会科学文献出版社，2023.7
ISBN 978-7-5228-2046-0

Ⅰ.①公… Ⅱ.①尚… Ⅲ.①公共管理-文化工作-研究-陕西 Ⅳ.①G127.41

中国国家版本馆 CIP 数据核字(2023)第 121133 号

公共文化服务绩效评价与体系构建

著　　者 / 尚子娟

出 版 人 / 王利民
组稿编辑 / 恽　薇
责任编辑 / 胡　楠
责任印制 / 王京美

出　　版 / 社会科学文献出版社・经济与管理分社 (010) 59367226
　　　　　地址：北京市北三环中路甲29号院华龙大厦　邮编：100029
　　　　　网址：www.ssap.com.cn

发　　行 / 社会科学文献出版社 (010) 59367028
印　　装 / 三河市龙林印务有限公司

规　　格 / 开　本：787mm×1092mm　1/16
　　　　　印　张：15　字　数：200千字

版　　次 / 2023年7月第1版　2023年7月第1次印刷
书　　号 / ISBN 978-7-5228-2046-0
定　　价 / 128.00元

读者服务电话：4008918866

版权所有 翻印必究